2 九州大学
文学部
人文学入門

生と死の探求

片岡啓・清水和裕・飯嶋秀治［編］

九州大学出版会

生と死の探求

ティルパティの朝は早い。南インド最大の寺院を抱える門前町は、日の出前からざわついている。私の住む僧院も、戸口でごろんと寝転がっていた門番が六時前には門扉の南京錠を外し、サリーを着た痩せた掃除人が手際よく玄関を掃き清め、牛舎の牛達はぞろ街を徘徊し出す。七時には隣の安食堂が開店する。今日も三十五度を超える暑い一日になりそうだ。蒸しパンとコーヒーの朝食を済ませたら、部屋でゆっくりとテクストを読もう。

僧院の門を出たところに上半身裸の男。何か大声で叫んでいる。どうやら私に用があるらしい。乞食かと思い、いつものように無視を決め込んだ。が、指差す先には男が寝転がっている。しかも花で飾られて。「バクシーシ、バクシーシ」。どうやら「葬儀をするからお前も何がしか寄付しろ」ということらしい。寝転がったこの男は本当に死んでいるのだろうか。くすぐったら起きてきやしないか。一瞬の躊躇があったが、叫ぶ男はお構いなし。その剣幕に押されて、ポケットに入れていた十ルピー札を右手で渡す。男は「葬儀してやるのだからお前も払って当然」とでも言いたげな横柄な態度で私の手から素早く金を奪い取る。食堂からの帰りにも通ったが、その時にはもう二人（あるいは一人と死体）の姿はない。あの死体は本当に死んでいたのだろうか。私の払った三十五円は、ちゃんと薪代に使われたのだろうか。

またとある日。前日は四十度近くあった。さすがのインド人も、それ位の温度になると「暑い、暑い」と言い出す。しかし口調はむしろ自慢げでもある。実際のところ、暑さに参っている様子はない。午前中は大人しく部屋にこもってサンスクリットを読む。しかし十一時も過ぎると昼の空腹が襲ってくる。中古の自転車「ヒーロー」号にまたがり、冷房ががんがんに利いたレストランへと急ぐ。

大きな門前町とはいえ、ティルパティは地方都市。道のほとんどは舗装されてない。九十度の真上から射す太陽、日蔭の無い町中、砂埃が舞いあがる大通りを、人・自転車・車がひしめきあう。それだけではない。交通ルールを全く無視したサイクルリキシャーやらオートリキシャーやらが、思わぬ方向から飛び出してくる。リキシャーが物売りの台車にぶつかって喧嘩が始まるのもしょっちゅうである。

そんなインドの地方都市ならどこにでも見られる大通りのどまん中、五体投地のような無理な姿勢で少年がうずくまっている。この暑い中、不自由な姿勢で参拝客の憐みを誘って、物乞いでもしているのだろう。自分はランチが先だ。スープから始まって、色とりどりのカレーの小鉢に囲まれる昼の定食セット。もちろんお代わり自由である。デザートのアイスとコーヒーまで付ける。ボーイがかしこまるレストランの冷房の中で日中の暑さを凌いでから、来たのと同じ道を帰る。

帰り途、少年は同じ位置で同じ姿勢のままだった。未舗装とはいえ、路面の温度は相当のはずだ。演技ではない。私は「行倒れ」を見たことになる。しかし、行き交う人々は、少年の存在にはお構いなしである。いつもの、あのインド独特のざわつきを保ったまま、人々は日々の営みを継続する。

「生と死の探求」というタイトルで企画が動き出したのは、二〇一〇年の夏だった。二〇一一年の後期には、本書の前身となるパンフレット教材を準備し、授業に臨んだ。文学部の百五十人以上が熱心に参加してくれた。同じ枠の隣の授業が五十人。人気の講義だったと言えよう。「生と死」というおよそ時流と無関係で抹香臭いタイトルの授業に、なぜこれだけの学生が引き寄せられたのか。授業案内に私は次のような文章を載せた。

> 生まれ、そして、死ぬ。外から見れば、一つの生命が誕生し、そしていずれ死にゆく、それだけの問題なのかもしれません。冷めた視線で見ればそうでしょう。しかし「生と死」は、そのような客観的な対象として問題なのでしょうか。時に「生と死」は、一人一人が孤独の中で対面する、逃げられない問題として襲いかかってくることがあります。「生老病死」「生死事大《しょうじじだい》」、古今の聖賢が主体的にこの問題に取り組み、様々な見方を我々に残してくれています。文学部の教員は、この普遍的でしかも個人的なテーマにどう答えるのでしょうか。哲学者は何を問い、何を答えるのでしょう。文学において「生と死」はどのように提示されてきたのでしょうか。宗教はこの悩みを果たして解決してくれるのでしょうか。そして美術は「生と死」をどのように具象化してきたのでしょうか。文学部の哲学コース、歴史学コース、文学コース、人間科学コースから選りすぐられた精鋭講師陣がガイドとなって世界の時空を皆さんとともに巡ります。

「これから人生登り坂」という二十歳の若者に向かっての研究室紹介で、我が研究室の同僚は、「インド哲学史は下り坂の人のための学問です」から始める。人生これからの若者に「君達もいずれ死ぬのだよ」とは、聞く方もびっくりであろう。しかし真実は真実。教養とは後々ありがたみが分かるもの。二十歳の若者に正面から「生と死」を問うこと。文学部の授業の醍醐味ではないだろうか。

誕生と死亡とを時間の中に位置づければ、それは直線の始点と終点となる。あるいは死後の審判を考えても同じである。無機質な始点と終点に限界づけられて、人の生は味気ないものとならざるをえない。死という終点によって無意味化されることからくる生の虚無感。そこから逃れるには、どうすればいいのか。

「もうちょっと延長で」というのが第一の解決である。終点を先延ばしにすれば問題はとりあえず解決する。しかも、それが永遠で最高に楽しければ言うことはない。天国や楽園で永遠に楽しく暮らす、それは古今東西の人々が一致して望んだことであった。この世で蓄えた財産を（一緒に埋葬して）あの世に持参して行こうとするのも当然である。宗教者は、死後の素晴らしい世界を喧伝し、この世で宗教に投資することの意義を説く。宗教絵画に見られる人々の情熱の裏に、冷めた宗教ビジネスの匂いがする。「死後も楽しく暮らしたい」という人々の願い、それを冷静に眺める宗教家、その宣伝道具としての具象や神話。そこに、単なる胡散臭さだけでなく、人間の生（商魂）のたくましさを見るのは間違いであろうか。

生と死の捉え方は直線だけとは限らない。循環するらせん状の無限ループが輪廻である。永遠の魂が生と死の間を行き来し、循環する。ちょうど水が地上と空とを行ったり来たりするように、生命もこの世とあの世とを行ったり来たりする。個人の生命という見方を取り外すならば、「永遠の命」「命の循環」「繋がっている生命」という考え方にも発展可能な見方である。

しかし、インドでは、あくまでも輪廻を個人のものとみなした。そして輪廻を耐えがたい苦の繰り返しと捉えた。輪廻そのものが苦である。この世に楽などない。一切皆苦。仏教を含めた沙門の宗教の厭世感である。学生からは「この世に楽しいこともあるのにそれを知らないとは悲しいですね」という感想を受け取る。医者が病人を相手とするように、宗教家は苦しんだ人を相手とする。この苦しみを乗り越えることが解脱《げだつ》・涅槃《ねはん》だ。輪廻を無化することと、ゼロに戻ることが苦の終焉であり、涅槃寂静の境地である。

解脱のような高尚なゴールを目指すだけが宗教ではない。人々の目の前には切実な苦しみが存在する。病気、天災、戦争。一人の力ではどうしようもない現実の不安と恐怖。多くの祭祀儀礼が現世利益のために開発され今日まで受け継がれている。人々は苦しい現実を前に無病息災を祈り、どうにもならない惨状を前に神頼みをする。ライオンに食べられるかもしれないという直近の死の危険から遠ざかったとはいえ、豊かな現代社会においても、我々は強烈な負の感情から未だ自由ではない。

苦に苛まれた生、そして、逃れ難い死という現実をそのままに受け入れること、運命と割り切るという方法も一つの態度として我々には可能である。「あきらめる」という諦観である。なるほど、始点と終点に限られた生命という見方は客観的かもしれない。しかし我々は皆、生命を現実に、そして、現在に生きている。とすれば、この現実存在の中にいのちを見ることしか救いの道はないであろう。古今東西の多くの聖賢は、この真実に気が付き、様々な表現でそれを言い表してきた。神の愛に貫かれていること、弥陀の光に照らされていること。回心や気付き。竹を打つ石の音に永遠を悟ることもあれば、一片の雪や花びらの中に宇宙の真実を見ることもあるだろう。

序「生と死へのまなざし」で、哲学の円谷裕二は、「生と死」を哲学者の視点から問い直す。西洋哲学は言うに及ばず、広く、古今の哲学者達の視点を借りながら、現代に生きる我々がどのように生と死を捉えればよいのか、我々を優しく生と死の分析に導き入れてくれる。

第Ⅰ部「アジアにおける生と死」では、東アジア・南アジア・西アジアの専門家が、各地域の視点から、それぞれの社会に独特の生と死の見方を説き明かす。中国哲学史の柴田篤は、豊穣な中国古典の海からエッセンスを取り出し、我々日本人にも大きな影響を及ぼした中国人の「生と死」の見方を提示する。インド哲学史の片岡啓は、業と輪廻から説き起こし、古典世界からガーンディーに至るインド人に固有の「生と死」の見方を紹介する。イスラーム文明史の清水和裕は、西アジアを起源とし世界に広がったイスラーム社会に独特の「生と死」の捉え方について、東アジア・南アジアとはまた異なった死生観を我々に見せてくれる。

第Ⅱ部「具象化された生と死」では、美術や遺跡に表れた「生と死」を取り上げる。アジアの現代美術を専門とする美学・美術史の後小路雅弘は、我々の生きる現代において描かれた死を、作品とともに取り上げ解説する。イタリア・ルネサンス期の美術を専門とする美学・美術史の京谷啓徳は、キリスト教における「生と死」の観念と背景を、キリスト教美術作品の中に探り出す。九州をフィールドとする考古学の辻田淳一郎は、古墳などの墓地に残る遺物から、当時の社会関係、死の観念を読み取り、歴史を掘り起こし再構築する作業の過程を我々に示してくれる。

第Ⅲ部「文学における生と死」では、文学作品に表れた「生と死」にライトを当てる。中国文学の静永健は、日本人なら誰もが知る「竹取物語」を取り上げ、そこに潜む生と死の観念を読み取っていく。イギリス文学の鵜飼信光は、メアリー・シェリーの『フランケンシュタイン』を取り上げ、死と生命の問題を考察する。アメリカ文学の高野泰志は、ヘミングウェイの戦争小説を取り上げ、そこで死がどのように描かれているのかを検討する。ドイツ文学の小黒康正は、トーマス・マン『魔の山』に表れる生と死を渉猟し、二十世紀ドイツ文学の代表作をエロスとタナトスという視点から捉え直す。

結「生と死を超えて」では、総合的な知見から、現代の我々がいかに生と死に向き合うべきなのか、二人の宗教学者が「いのち」をキーワードに問いかける。国内のみならずフィリピンのフィールド調査も行ってきた比較宗教学の関一敏は、「生命の海へ」と題して、我々が問題に向き合う姿勢を根本から問い直す。共生社会学を専門とし、最近は水俣にもフィールドを広げつつある比較宗教学の飯嶋秀治は、「永遠のいのち」と題して、いのちの連鎖に育まれる人間の姿を我々の前に提示する。

南インドの定食は、バナナの葉っぱの上に多彩な食材を盛り付ける。本書もまた、自分一人ではとてもカヴァーできない多くの領域から、それぞれの専門家が一番いいところだけを取り出して盛ってくれている。一読者として、文学部の先生方の料理を美味しく戴きたい。

本書の刊行にあたって、多くの方々の協力を得ることができた。シリーズ全体を統括する高山倫明、後小路雅弘、岡野潔。編集作業の協力者として清水和裕、飯嶋秀治。そして九州大学出版会の編集者にして国語学・国文学研究室卒業生でもある尾石理恵。いい教科書を作りたいという思いを共有できたことに感謝する。

編者代表　片岡　啓

目次

第Ⅲ部　文学における生と死

結　生と死を超えて

序　生と死へのまなざし

アーイシャ・ハーリド『ビーナスの誕生』
(2001年，福岡アジア美術館所蔵)
作者は伝統細密画の技法で，現代女性の問題を描く。
イスラム女性の誕生を見守る女性たち。

1　生と死の哲学

――ハイデガーとメルロ＝ポンティをめぐって――

円谷裕二
（哲学）

はじめに

日常の多忙にかまけて死を忘れて生きていようとも、生きることは死に向かいつつあることだというのは厳然たる事実である。なんとなれば人間存在は死にさらされながら生を営む有限な存在だからである。

現代は科学的物質主義と経済効率性がはびこり、人間や自然を越えたものに対する形而上学的関心や信仰心が薄れている非宗教的な時代である。科学的実証主義は、実験的に解明されるかぎりのものが真理であり、超自然的なものや超感性的なものという形而上的な対象を単なる空想として斥けようとする傾向が強い。このような現代に生きるわれわれにとって、生とは何か、死とは何かという問題は、現代以前の時代とは異なる様相を呈してこざるをえない。生と死の問題は、確かに、人間が生存するかぎりでの普遍的でかつ永遠のテーマではあるが、しかしまたその問題を、他人事のように一般化して論じるのではなく、あくまでも現代という特定の時代状況に生きるわれわれみずからの問題として引き受けながら考察することこそが、この問題を哲学的に考察することになる。

生と死についての考察は、人類の誕生以来さまざまな視点から試みられてきた。例えば、宗教的視点、形而上学的視点、医学的・生物学的視点、社会学的・人類学的視点、文学的・芸術的視点等々である。以下の論述は哲学的視点からの考察であるが、そもそも哲学とは何であるかという問いに対する答えは哲学者の数だけあると言っても過言ではない。しかしさしあたりここでの哲学的視点として言えることは、具体的歴史的状況における現実的で感覚的な生活世界における生と死についての思索だということである。したがって哲学的視点とは、この生活世界を超越した死後の世界や彼岸や身体なき霊魂に定位する宗教的ないし形而上学的視点でもなければ、あるいは、生と死の現象を単なる物質現象と見なす自然科学的視点でもなく、また生死を社会現象に還元するような社会学的視点でもない。生身の人間が現実世界の内で生を営むという当然ではあるが同時に根源的事実でもある生と死の在り方を基軸に据えるような、内在的で人間学的な視点こそが哲学的視点なのである。

思うに、このような哲学的視点こそがそれ以外のさまざまな視点、例えば、宗教的・超越的視点や科学的・学問的視点などをはじめて可能にしている基盤なのであり、それゆえに哲学的視点なしには彼岸や天国や極楽浄土も意味をなさず、また、生についての医学的接近も人類学的視点も不可能なのである。彼岸を此岸に先立てたり、無を存在の基底と見なすのは本末転倒であり、そうかと言って生と死を科学的に分析して説明することが生死の本来の意味や在り方を根源的に理解させてくれるわけでもない。以下の論述は、生と死についてのさまざまな視点が陰に陽に前提せざるをえないような哲学的視点からの考察である。

一　生の哲学――生の根源的偶然性――

過去の偶然性――特に誕生の偶然性――

この世に生まれてきたのは、自分の意志や考えによるのではない。気づいたときにすでにもうこの世に存在し生きていた。どこから来たのか不明のままにこの世の中にあらかじめ投げ出されているというのが人間の生存の根本的事実である。みずからが望んだわけではないのに、或る特定の時代や特定の地域に生まれつき、また或る特定の境遇（社会的な環境や身分や言語）に産み落とされてしまっている。誕生に纏わるさまざまな偶然性とか原因や理由の無さ（無根拠・無原因・深淵）、これらはまた誕生の不条理や非合理性を意味している。

しかしながら、人間ないし人類は、誕生の偶然性や生まれてきたことの不条理をそのままに放置せずに、あくまでもそれを理性的に理解しようと努めてきたことも事実である。哲学や宗教あるいは芸術や文学などは、生まれてくることの根本的偶然性に対して何らかの意味や価値や合理性を与え、生まれてきたことの偶然性への不安から人間を救い出そうとする人類の叡智ないし創作（フィクション）である。例えば、ニヒリズムの極限形式であるとともにそれの超克でもあるニーチェの永遠回帰思想とか、仏教における生死《しょうじ》輪廻の苦とそこからの解放としての解脱《げだつ》思想などが想起されよう。

未来の偶然性 ── 特に死の偶然性 ──

人は自分の未来が何であり、自分がどこに向かってゆくのかが予測不可能なままに生きてゆかざるをえない。生まれたらもうすでにおのれの死という恐怖にさらされながらも、いつ死が訪れるのか、またどのような死に方をするのかがわからないままに生きてゆかざるをえない。自分の存在の行方が最終的に見通すことができず、したがってまた、個人や共同体の目ざすべき究極目的や最終目標を安易に立てることができないという未来の偶然性の中で人は生きている。

しかしながら、未来のこの偶然性、究極目的の欠如という生の根本的事実ないし生の根本的不安に対して、人類の叡智は、誕生の偶然性に対したのと同様な仕方で、あえて何らかの意味や目標を創作して、人間の生を未来の偶然性への不安から解放してそれに生き甲斐や死に甲斐を与えようとしてきた。例えば、キリスト教での終末論的歴史観やその世俗化と見なしうるヘーゲルやマルクスの歴史哲学が連想される。マルクスとエンゲルスは「すべての歴史は階級闘争の歴史である」［文献⑫］と規定しながらも、歴史の究極目的としてあらゆる階級的差別が消滅して自由平等な共産主義社会の実現が歴史の必然だと独断した。あるいは、浄土教では此岸を超越した来世の極楽浄土が希求され、あるいは逆に、いかなる未来をも否定してみずからの意志によって命を絶つ在り方（自殺・自死）もあろう。

現在の偶然性――生の状況内存在――

現前するこの現在を生きてゆくことは、神ならぬ有限な人間にとっては決して自分の思い通りになるものではない。というのも、人間はこの現世から逃れて絶海の孤島に独我として生きているわけではなく、この世の中の多種多様な他人や諸々の事物・事態・社会制度・歴史・地域の中にあらかじめすでに取り囲まれて生きてゆかざるをえないという根源的受動性を身に負っているからである。自分の自由や意志によって期待通りに他人を動かすこともできなければ、あらかじめ投げ置かれた状況を意のままに左右することもままならない。私は自分以外の他人や事物との間での絶えざる葛藤・対立・矛盾・相克に巻き込まれている。フランスの実存哲学者サルトルは『存在と無』の中で自己と他者の関係を、平和的な共存としてではなく、他者のまなざしのもとで自己が物と化すか、それとも自己のまなざしのもとで他者を物と化すかという不幸な相克の関係として描いているし、既述のようにマルクスは、歴史を対立し合う階級の闘争史として捉えていた。しかしまた、このような自他の対立や闘争とともに、人間は、自己や共同体の意図的な実践活動によっては容易に変革しがたいような自然や歴史や社会という土台ないし下部構造に支えられてもいる。生の現在は、状況内存在という偶然性を孕んでいるのだ。

しかしながら、個々人ないし人類は、生の現在のこの偶然性・受動性に直面して、他の動物が外部の刺激を単純に受容してそれに機械的に反応するような仕方で行動するのではなく、あるいは、偶然性を運命論的に甘受したり達観したりするのでもなく、むしろ偶然性や受動性に打ち勝とうとして、さまざま道具や機械を発明して自然をコントロールしようとしてきたし、あるいは社会的な偶然性に対してはより効率的な経済システムを構築したり、法制度を整えたり、政治や統治システムを改編しながら、社会をコントロールしようとしてきたし、現代に至っては巨大な科学と技術によって自然全体や社会全体さえをも人間の計画や予想のもとに制御しようという野心に駆られている。

しかしもちろん、自然現象を完全に予測してそれをコントロールできるほど人類の叡智は万能ではありえずまた社会制度をいかに理想状態に向かって改革しようとしても人間の欲望相互の対立や権力闘争などがその実現を妨げてきたというのが歴史の偽らざる事実でもある。それどころか、現代に至っては地球規模での環境破壊とか自然破壊という人類生存の危機に遭遇して、人間の意図的・能動的な活動がかえって自分で自分の首を絞める結果に陥ってしまうという逆説を目の当たりにする有様である。

生の哲学——共同幻想と現実世界——

以上のように、生は誕生や死、あるいは、過去・現在・未来のそれぞれにおいて、徹頭徹尾偶然性ないし無意味さに浸食されている。生のこの根源的偶然性の中にあって生きることに価値を見いだし、この偶然性に打ち勝つことはきわめて難しい。にもかかわらず少しでもその偶然性に意味や価値を与えながら偶然性を蓋然性、さらには必然性へと変革・克服しようとして人間は歴史を積み重ねてきた。

「生き甲斐」とはまさに、自分の過去・現在・未来に付きまとう偶然性や無意味さに対して有意味性や価値を見いだすところに存する。言い換えれば、「人はなぜ生きるのか」という生の根拠や理由への問いに対してあえて答えるとすれば、それは、自分の誕生や現在や将来の偶然性を少しでも合理化してそれを必然性に変えることによって生の不可解さをできるだけ理解可能なものとして取り込もうとするためだということになる。しかしまたそのことの不可能性や困難さに気づいたときに人はニヒリズムや絶望に陥ったり、無常観に襲われたりもする。

生のこのような偶然性・不可解さを穴埋めして、それに意味や価値を与えようとした生の営みが、さまざまな既成宗教であり、芸術であり、道徳であり、哲学であり、言語であり、さらにはさまざまな学問や科学である。これらは、人間の生存の不可解さ・偶然性に打ち勝ちそれを超克するために創り出された創作物にほかならない。しかしながら他方、それらのフィクションをフィクションとしてではなく、あくまでも生を必然的に制約する既成の事実や制度と信じ込んで生き抜かざるをえないのが、言い換えれば、共同の幻想を不可避の現実世界と思い込んで生を送らざるをえないのが、人間の生の真相なのである。なぜならば、みずからの生が架空の制度に組み込まれていると自覚しながら現実を生きることなどはできないからである。

二　死の哲学——ハイデガーの実存論的な死の概念——

他者の死と自己の死

一般的には、死は、生の否定であり生とは相容れないものであり、人間存在の非存在への転化ないし無の出現だと考えられがちである。しかし死についてのこのような考え方は、自己の死の経験に基づくものではなく、あくまでも他人の死についての経験から導き出されたものにほかならない。他人の死に出くわすときにわれわれは他人の生ないし存在が非存在ないし無へと転化するのを見届ける。

ところが自己の死ないし非存在への転化についてはどうであるかと言えば、これを経験することなどはおよそ不可能である。古代ギリシアの哲学者エピクロスは、原子論的唯物論の観点から、「死を恐れる必要はない、なぜなら、生きているときには死を経験できず、死んだときには経験そのものが不可能になってしまうからだ」〔文献①〕と語っている。確かに、エピクロスの教えるように、われわれは自分の死を直接に現実として経験することなどできるはずがない。死の経験というものがあるとすればそれはつねに他人の死についての経験である。いやより厳密に見れば、他人の痛みを他人の身になって直接体験することができないのと同様に、他者自身の死亡を他者の身代わりになって経験することなどは不可能である。他人の死は経験可能なものではなく、私は「せいぜいつねにただ『その場に居合わせて』いるだけなのである」〔文献⑨Ⅱ二六一頁〕。われわれは自分の死を経験できないのみならず他者の死をも経験できないのだ。

それでは、自己の死についても他者の死についても経験が不可能だとすれば、そもそも死についてはどのように考えたらよいのであろうか。

人間存在とは、ドイツの哲学者ハイデガーの言うように、ほかならぬ「自分の存在へと態度を取ること」〔文献⑨Ⅰ三三頁〕として自分の存在に関わりゆく存在なのであり、それゆえ人間存在にとって死とはあくまでも他人ならぬ「自分の存在」との関係において問題とせざるをえない現象だということになる。「死亡」することは、それぞれの現存在〔＝人間存在〕がそのときどきにみずからわが身に引き受けざるをえないものなのである。死は、それが『存在する』かぎり、本質的にそのつど私のものなのである」〔文献⑨Ⅱ二六三―二六四頁〕。

可能性としての自己の死

ところが上述のエピクロスの言にもあるように、われわれは自分の死を現実的に経験することはできない。そうだとすれば、われわれは自分の死に対してどのような仕方で関わることができるのであろうか。われわれが経験できないのはあくまでも自分の「現実的な死、実際の死」なのであり、言い換えれば、われわれは現実性としての自己の死ではなく、可能性としての自己の死についてならばそれを了解可能なのである。したがって死についての考察が成立するのは何よりも他人ではなく自分の死についてであるかぎり、それは可能性としての自己の死に関わることなのである。それゆえにまた、通常は、たとえ人はいつかは死ぬものだというように他人事として人間の死が考えられていようとも、本来的な死についての考察は、自己の可能性であるかぎりでの死についての考察でなければならず、その考察は、あくまでも生きているかぎりにおいての、可能性としての自己の死についての考察でしかない。つまり生きていながらわれわれはおのれの死に関わるのである。この意味において「死の観念はすべて欺瞞的である」〔文献⑭九七頁〕。ここにこそ実存論的な死の概念の基本的な特徴が存する。

死は、「現存在〔＝人間存在〕が〔実際に〕終わりに達していることを意味するのではなく、現存在というこの存在者の〔可能性としての〕終わりへと関わる存在を意味する。死は、現存在が存在するやいなや、現存在が引き受ける一つの存在する仕方なのである。『人間は生まれ出るやいなや、ただちに十分死ぬ年齢になっているのである』」〔文献⑨Ⅱ二七六頁〕。

ハイデガーにとって死とは、第一義的には、現実の死とか生の否定ではなく、人間存在が引き受けなければならない生のさまざまな可能性のうちの一つなのである。因みに、エピクロスは、死を唯物論的に理解したために、死を現実の出来事としてしか捉えることができず、そのために死を生の可能性の一様相と見なすことができなかった。

しかしながらハイデガーにとって死は生のさまざまな可能性のうちの一つではあっても単なる可能性ではなく、それは、生の究極的な追い越しえない可能性であり、また、社会的な役割のように代替可能なものではなく、代替不可能な、それゆえもっとも自己に固有な可能性なのである。

可能存在としての人間

ところで、死をおのれの生の可能性の一つとして捉えるハイデガーの考え方の根底には、そもそも人間とは何であるのかという哲学的根本問題に対する彼の哲学が前提されている。一般的に見ても、人間の生と死についての考察は、人間とは本来何であるのかという問いへの答えを前提にせざるをえない。ハイデガー独自の人間観とは、人間存在を現実存在（＝あるところのものとしての即自存在）ではなく可能存在（＝あるところのものではなく、ないところのものである存在）と見なすことに存する。

それでは人間存在が現実存在ではなく可能存在だというのはどういう意味なのであろうか。

例えば、物体と人間とを比較してみよう。物体の運動は外部からの刺激を受けてはじめてその刺激に応じた機械的反応をするのだが、それに対して人間の行為は、刺激に従属した機械的反応ではない。人間はあらかじめ、刺激を受け入れるための準備ないし態勢（体制）を整えながら外部世界と接しているのだ。外部の刺激は物理的には確かに新鮮な刺激ではあっても、人間は、外部世界に対するあらかじめの準備ないし姿勢に基づくことによって、刺激を純粋に受動的に受け入れるのではなく、取捨選択しながら能動的に受容している。外部世界に対する人間の反応行動は、物体の場合とは明らかに異なるのである。この意味において、人間を自然事物と同様に分析・説明しようとする医学的・生物学的な人間把握は人間を根本から逸してしまうことになる。

外部の刺激に対するこの準備・態勢をあらかじめ投げかけることが未来の先取りないし予料であり、予料しながら存在することが可能存在としての人間の本質をなすのだとハイデガーは主張する。しかもこの先取り・予料の最たるものが、おのれの極限的な可能性としての死の先取りであり予料なのである。そうであるがゆえに、ハイデガーは、おのれの極端な・究極的な可能性としての死のあらかじめの自覚こそが、おのれの生の「本来性」を形成すると考えた。

哲学的な死の概念

訪れる死に対して人間は無力・非力であるが、人間のこの有限性についての予料的な自覚においてはじめて、生の本質への理解が、すなわち「人はなぜ生きるのか」という問いへの理解が芽生えてくる。ソクラテスによれば、哲学することとそして生きることとは「死の練習」なのである。生における死のあらかじめの自覚によってこそ、なぜ人間は生きなければならないのか、なぜ人間は有限な存在なのか、なぜ今まで存在していた人間が非存在や無に帰するのか等々の問いが切実な問いとして迫ってくる。さらには、生における死の自覚が、生の意味・価値・生き甲斐とは何かという問いを促してくる。この意味で、死の自覚は生の反射鏡であり、生と死は表裏をなす。かくして現実の死ではなく、可能性としての死を深く考え抜くことによってこそ生についても十分に考えることができるのであり、逆に、生を深く考えることはおのずと死を考えることに至らざるをえない。そしてまた、死についてのこのような哲学的認識こそが、医学的・生物学的な、あるいは、宗教的な、さらには社会学的・人類学的な死の概念よりも、死の現象の本質をなしている。

死は、人間存在にとっての偶然的事実であるどころか、むしろ、人間の終わりという極限的な可能性として、人間の、「もっとも固有な〔かけがえのない代理不可能性として〕、没交渉的な〔つまり死にさらされるとき自己は他の人間への一切の関係が絶たれて単独化し〕、確実な、しかもそのようなものとして未規定的な、追い越しえない可能性である」〔文献⑨Ⅱ二〇七頁〕。

死からの逃避としての日常性

人間は生まれてくるやいなやすでに可能性としての死の中に投げ置かれているにもかかわらず、人はだれしもいつかは死ぬものだというように死を一般化して、自己の不可避的な死の訪れから逃れようとするのがわれわれの日常の在り方である。日常の生き方は、目前の多忙にかまけたり、また他人とおしゃべりに興じ、好奇心に突き動かされ、レジャーを享受したりという曖昧な態度をとっているが、これはまさに死という、人間にとってのもっとも根源的な可能性を忘却し、そこから逃避しているにすぎない。日常性（人間の非本来性）はその根底に可能的な本来性を宿している。人間存在のこの真実を受け止めつつ有限性を自覚するならば本来的に生きようとする自覚に至らざるをえない。

こうして、人間が「死へと関わる存在」だという自覚は、日常性の多忙や気晴らしによって死から逃避するのではなく、そうかと言って、彼岸とか天国とか浄土という宗教的な超越の世界へと飛翔するのでもなく、この現実の世の中を真剣に生き抜く覚悟となって具体化する、とハイデガーは考えた。彼の哲学のうちには、迫りつつある死を忘却して日常性に埋没するのでも、あるいは、現実的で感覚的な生を飛び越して宗教的・超越的態度に向かうのでもなく、自分の可能性としての死を直視しつつ、人間の有限性を生き抜こうとする実存的姿勢が強く見て取れる。

三　生と死の弁証法――死を越える高次の生――

ハイデガーの問題点

前節で見たように、ハイデガーの死の考え方はおのれ自身の死の先駆的自覚によって、自己の生を、日常性の頽落から全体的かつ本来的な自己というより高次の生へと越え出ようとするものであり、この点において実存主義的な死生観であると言える。彼は死を越えるものとしての超越的世界（天国や浄土）や超越者（神や神々）を人間存在の彼岸に独断的に措定してその超越的視点から生や死を捉え直すような宗教や伝統的形而上学の立場に立つのではなく、世界内存在としてこの現実世界に生きる人間存在に定位しながら死を理解しようとする哲学的態度に徹しており、その意味において非宗教的な現代に生きるわれわれにとって大きなインパクトを与える優れた死の哲学を展開した。

しかし他方では、彼の考え方は、死を自己自身のもっとも固有で極限的な可能性として理解するかぎり、あくまでも自己性に定位する死生観を基本にしている。この点において彼の死の概念は、彼がデカルト的自我を無世界的主観として批判してはいるものの、依然としてデカルトの自己意識中心主義の延長線上に位置づけられると解しうる。つまり彼の思想は、自己の死が自己の生にとってもつ意味を他の追随を許さないほど深く掘り下げている反面、自己中心的でありそのために自己と他者の共存や対立という契機が欠如している死の思考になっている。

このように見てくると、ハイデガーの死生観に対しては次のようないくつかの問題点を提起できよう。

第一に、自己の可能的な死についてのあらかじめの自覚によって自己の生の全体性が理解可能だとハイデガーは考えるが、そもそも自己の全体性とは、はたして閉じられた全体として自己によって見透かすことができるものなのであろうか。既述のように、われわれの生は過去も現在も未来も本質的に偶然的なものであり、そのかぎりでは自己の生の未来を先取りすることなどは困難であろう。あるいはたとえ全体が先取りされうるとしても、それは決して、自己自身による先取りとしてではなく、あくまでも他者の視点からの先取りとしてしか可能ではなく、しかもそれはたんに回顧的にしかなされえないのではないだろうか。

第二に、そもそも生とは、自己の生であれ他者の生であれ、全体として完結したものではなく、むしろ状況の偶然性の中での困難や問題に直面してそのつどそれに立ち向かってゆかざるをえないものであり、生とは、そのような偶然性の連続体でしかないのではないだろうか。もしそうであるならば、生のうちに首尾一貫性を求めようとすること自体、生の本質的な偶然性を取り逃すことになるであろう。

第三に、自己の生や可能的な死を生きることは、自己の思いのままに左右できることではなく、むしろ、つねにすでに他者の視点や時代の趨勢を自己に取り込むことによってしか可能ではなく、そうであるならばなおのこと、自己の生を自己自身によって全体的に了解することなどは不可能であろう。

第四に、後述するように、自己の生が他者や自己を越えたものに左右されざるをえないということは、より広い視野から見れば、自己の生が自己を制約している歴史の奔流や存在に巻き込まれてしか可能ではないのであり、この意味では、むしろ自己の生とは、自分で自分を了解するというよりも、歴史や存在からの促しとしての贈り物だということにもなろう。因みに、実のところ、当のハイデガー自身が『存在と時間』以後の哲学においては、このような傾向を強く打ち出すに至っている。

カントの理性道徳

非宗教的な現代に生きるわれわれは死後のよりよき世界（極楽浄土、天国など）の描写によって、死を越えたより高次の生を生きようとする宗教には容易には与しがたい。さりとて、生活世界に定位しながらも他者との緊張関係を媒介としないようなハイデガーの自己性に基づく死の思想に対して賛意を表することにも一抹の不安を覚える。それではいかにして、一方では既存の宗教や形而上学に頼ることなく、他方では、自己性に基づく哲学に依拠するのでもないような仕方で、死を越え出る生についての哲学的思索が可能なのであろうか。

この問題に対してただちに思い浮かぶのはカント哲学である。カントはキリスト教のような啓示宗教ではなくあくまでも人間理性に立脚する「理性信仰」の観点から、死後の魂の存続や、徳に応じた幸福を配慮する神の存在を道徳実践的に「要請」し、それによって、身体的な死をより高次の生へと越え出る哲学を展開した。

しかしながら、理性を超越した啓示宗教ではなくあくまでも理性の限界内での宗教であるとはいえ、道徳的叡智界と経験的感性界との調和の実現のために霊魂不滅や神の存在を要請するという仕方で死を越えるものを打ち出すカント哲学を、現代のわれわれがどれほど真摯に受け入れることができるかどうかははなはだ疑問である。しかも彼の理性宗教の根幹をなす道徳哲学は、行為の結果をも重視する責任道徳ではなく、行為の動機の内面的道徳性のみを偏重する心情道徳であり、そこでは自己と他者は理性的存在者一般として同型的なものと見なされ、そのために両者の間には何らの差異や葛藤も認められていない。言い換えれば、カント哲学は人間一般を感情に対する理性優位の存在と見なすことによって、自己と他者の非対称性に起因する両者間の対立・闘争を軽視し、そのためにハイデガーに劣らず他者不在の哲学に陥っている。

共同性における生と死

ハイデガーのように死を自己性において自覚するのではなく、さりとて、宗教や道徳的要請によって死を乗り越えようとするのでもない仕方で死を越えるより高次の生を理解するためには、自己と他者との差異と対立を十分に踏まえながら自他の共存・共同性において死を捉える必要があるのではないだろうか。

このような方向から死の哲学を展開しようとしたのがフランスの哲学者メルロ＝ポンティである。彼はカントの内面主義的な理性道徳を批判するとともに、共同体的な人倫性を重んじるヘーゲル哲学に共感を覚えている。ヘーゲルは、「われわれであるわれ、われであるわれわれ」［文献⑩］とか「最高の共同こそが最高の自由だ」［文献⑪］という彼の言葉からわかるように、生と死の原理を、デカルト的な個的自己意識でもなければ、ハイデガーのような自己性でもなく、さらにはカント的な形式的実践理性でもなく、むしろ、自己意識とは他の自己意識との関係においてこそ真に自己意識たりうると考えて、自己意識相互の弁証法的対立・闘争を媒介にしながらの相互承認の哲学を打ち立てている。

メルロ＝ポンティはヘーゲルの『精神現象学』の「自己意識」の章を踏まえながら死について次のように語っている。

「死の本来的意識に私を近づけてくれるただ一つの経験は、「自己の死の自覚ではなく、他者経験である」とか、「私だけが自由であり意識であり人間であるというわけにはいかない」とか、「私は死ぬために生きるのではなく、永遠のために生きるのであり、同様に、私は私だけのために生きるのではなく、他人と共に生きるのである」とか、「死の意識は、おのれを越え出るのだ」〔文献⑭〕とか。

これらの引用から明らかなように、メルロ＝ポンティにとって死の意識とは、自己の死の意識や自覚ではなく、むしろ自己性を越え出る共同的意識である。それというのも、そもそも死の意識は、決して自己の死の意識に由来するものではなく、かえって、自己意識と他の自己意識との対立・闘争を経た共存という自他関係の中でこそわれわれに切実に迫ってくるものだからである。

メルロ＝ポンティはサルトルの自他関係論を念頭に置きながら次のようにも語っている。

「他人のまなざしのもとでは私は一つの物にすぎず、それは、彼が私自身のまなざしのもとでは世界の一片にすぎないのと同様である。したがって、それぞれの意識は、他人の死を追究していることになる。しかしながら：．相克の意識は、相互関係と、われわれに共通な人間性の意識によってのみ可能なのだ。われわれは、互いに相手を意識として認め合うことによってのみ、互いに否定し合う」〔文献⑭〕。

ハイデガーは、人間相互の共存を、非本来的な日常的頽落と見なすことによって、自己に固有の死の自覚こそが共存の頽落から本来的自己を取り戻してくれるものだと考えた。しかしながら、ヘーゲルやメルロ＝ポンティの哲学からすれば、共存とは、決して、単に「匿名の状態や日常的平凡さ」〔文献⑭〕における共存に限られるのではない。むしろ、「意識同士の争いや自由同士の対立」を媒介にしながら相互の自由を承認し合うような真の共存が可能なのであり、そしてメルロ＝ポンティは、このような闘争と共存の両立を政治的歴史的実践のうちに見届けるとともに、このような実践においてこそ「人間の実存が歴史になる」とか、自と他の矛盾を弁証法的に総合することによって「ヘーゲルは個人から歴史に移行するのだ」〔文献⑭〕と語っている。こうしてメルロ＝ポンティはヘーゲル哲学を手がかりとしながら、死を越えるより高次の生を、歴史的な共同実践に求めることによって、宗教や単なる自己意識によらない生と死の哲学を構想している。

おわりに

死を越えるものとしては伝統的には極楽浄土とか神の国などの死後の世界が措定されてきたが、しかし死後世界が意味をもつのはあくまでも生きている人間にとってだけである。つまり死後の世界とは、実は死後ではなく生前の世界のことなのであり、生の一つの可能性にほかならない。宗教的には、死後の浄土や天国を基準にして現実のこの生の世界を穢れた世界とか生き地獄と見なしがちであるが、しかしこれは明らかに本末転倒した見方である。われわれは存在や生活世界を地にしてしか無や死を考えることができないのであり、それゆえにまた上述のメルロ＝ポンティの言葉にあるように死の観念というのは欺瞞的なのである。

しかしながら他方、理屈ではこのようにわかっていながらも、例えば、キリスト教では、人間が創ったのが明らかである聖書は実は神の言葉なのであり、人間の創作にすぎない神によって人間は創られたもの（被造物）だと教えられているように、人間はみずからが創った超越者にみずから進んで跪くことによって本末転倒した宗教を受け入れてきたのも紛れもない歴史的事実である。宗教を現実の生活世界の上位に置こうとする傾向は科学技術の極度に発達した現代においてさえも依然として拭いがたく人間の深部に沈澱している。

なぜ人間はみずからが創った宗教にみずから積極的に跪くような存在なのであろうか。ここには人間存在の最大の謎が秘められている。

思うに、この謎を解く一つの手がかりは過去とか歴史という言葉で象徴されるような世代を越えた人間の共同性ということに存するのではなかろうか。伝統的には人間を超越した神とか神々とか超自然的な力が措定されてきたが、しかし、このような超越者に対する信仰が消え失せつつある現代においてさえも人間を跪かせるものがあるとすれば、それは歴史の重み、歴史という下部構造、そして個人や世代を越えて連綿と続く共同性ではなかろうか。歴史こそが個および集団としての人間を超越し、個としての人間や特定の時代精神を支配し貫くものである。そして現代における生と死の哲学は、このような歴史的共同性という観点から改めて問い直されなければならないであろう。

参考文献

①エピクロス『エピクロス――教説と手紙――』岩波文庫、二〇〇二年
②カント『実践理性批判』岩波文庫、一九九二年
③サルトル『存在と無Ⅰ・Ⅱ・Ⅲ』ちくま学芸文庫、二〇〇七―二〇〇八年
④円谷裕二『存在と経験――カントの超越論的哲学の帰趨――』東京大学出版会、二〇〇二年
⑤円谷裕二『近代哲学の射程――有限と無限のあいだ――』放送大学教育振興会、二〇〇三年
⑥円谷裕二「メルロ＝ポンティの真理論における表現の問題」、九州大学大学院人文科学研究院『哲学年報』第六八輯、二〇〇九年
⑦円谷裕二「メルロ＝ポンティの言語論――『知覚の現象学』に即して――」、九州大学大学院人文科学研究院『哲学年報』第七〇輯、二〇一一年
⑧ニーチェ『ツァラトゥストラはこう言った上・下』岩波文庫、一九七八―一九八二年
⑨ハイデガー『存在と時間Ⅰ・Ⅱ・Ⅲ』中公クラシックス、二〇〇三年
⑩ヘーゲル『精神現象学上・下』平凡社ライブラリー、一九九七年
⑪ヘーゲル『フィヒテとシェリングの哲学体系の差異』公論社、一九八〇年
⑫マルクス、エンゲルス『共産党宣言』岩波文庫、一九七一年
⑬メルロ＝ポンティ『知覚の現象学1・2』みすず書房、一九七四年
⑭メルロ＝ポンティ「ヘーゲルにおける実存主義」『意味と無意味』みすず書房、一九九五年
⑮メルロ＝ポンティ『弁証法の冒険』みすず書房、一九七二年
⑯渡邊二郎『人生の哲学』放送大学教育振興会、一九九八年

第Ⅰ部　アジアにおける生と死

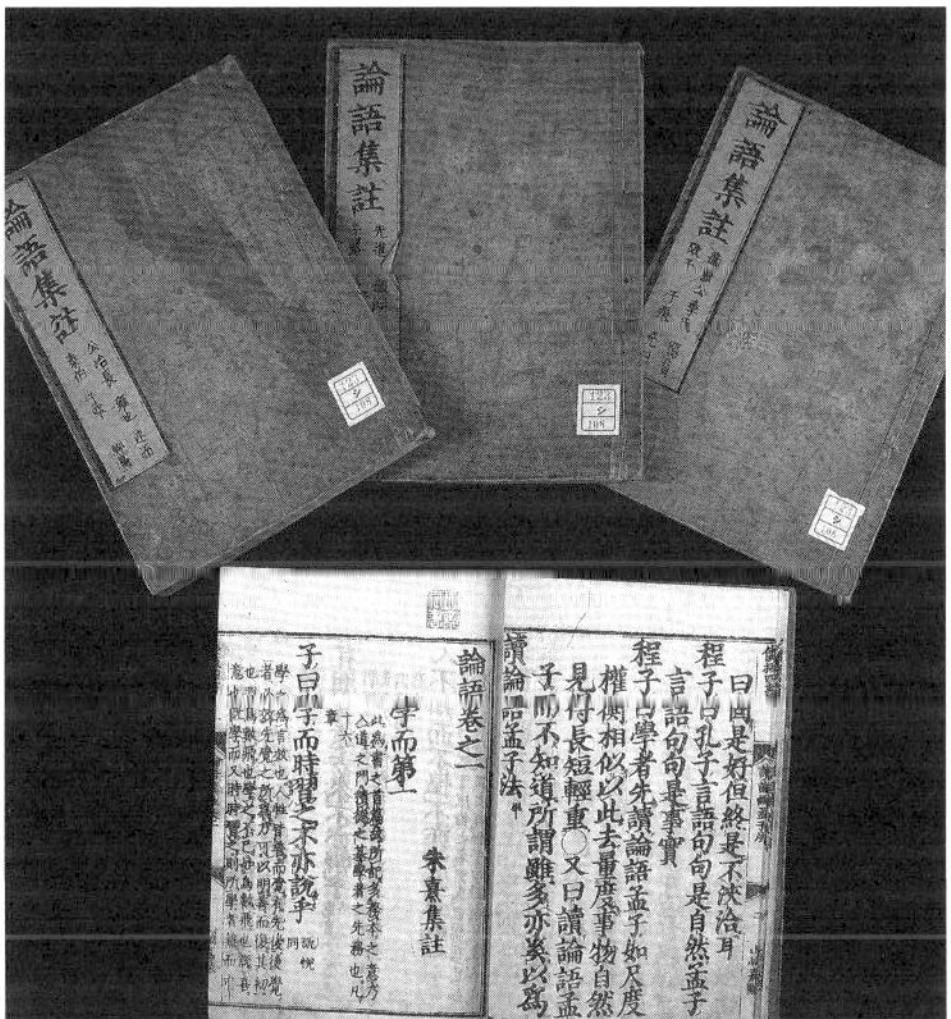

『論語集註』
（『倭板四書』朱熹集註・山崎闇齋點,
元治１年刊，九州大学附属図書館所蔵）

2 古代中国人の死生観
――『論語』と『荘子』を中心にして――

柴田 篤
（中国哲学史）

はじめに

人は、生まれ、生き、そして死ぬ。たとえそれがどのような形であれ、これだけはすべての人間に共通する。生きることと死ぬこと、この二つを切り離すことはできない。人がどのように生きるかということは、死をどのように捉えるかということと密接につながっている。人は死を意識して生きることによって、初めて人となったとも言える。死に対する思索は、かくして人が自己と世界とについて考えることの根底に常に存在し続けるのである。この章では、古代中国の思想家たちが生と死の問題をどのように捉えたかということを通して、そのことについて具体的に考察していく。

一 中国古代の思想――儒家と道家――

古代の中国において、独創的な思想家たちが数多く登場した時代があった。周王朝の末期、主として戦国時代（前四〇三～二二一）のことである。王室の権威が衰え、諸侯が覇権をめぐって抗争を続けた時代、富国強兵の方策から、人心収攬の知恵、あるいは人倫道徳の教えといった様々な思想を説く人々がいた。中国現存最古の図書目録である後漢・班固《はんご》（三二〜九二）の『漢書《かんじょ》』藝文志《げいもんし》に、「諸子十家《しょしじっか》、其の観るべき者は九家のみ」と見える十家九流がそれである。「子」とは学者・思想家を指し、「家」、「流」とは学派のことである。九流のうち、後世にまで大きな影響を及ぼしたのは、儒家・道家・法家・墨家の四学派であるが、以下で特に取り上げるのは、儒家と道家である。

儒家は戦国時代の少し前、春秋時代の後期に生きた孔子（名は丘《きゅう》、前五五一〜前四七九）に始まり、戦国時代の孟子（名は軻《か》、前三七二頃〜前二八九頃）がその思想を発展させる。一方、道家の代表的思想家としては、孟子と同時代の荘子《そうじ》（名は周、前三六五頃〜前二九〇頃）がいる。前漢・劉歆《りゅうきん》（?〜二三）の『七略』に基づいて書かれた『漢書』藝文志には、次のように記されている。

儒家の人々は教育を司る古代の官職を淵源とする。だから、君王を補佐し、世界の理法である陰陽の道理に従い、人々を善に導く方法を明らかにする者たちである。

道家の人々は文書を司る古代の官職を淵源とする。だから、様々な成功や失敗、国々の存亡、人々の幸福や災禍など古今にわたってことごとく記録して、あらゆることの根本をつかんで、無欲な状態で自己を守り、謙虚な態度で自己を保持するすべを知っている。

本章では、この両学派の代表的古典である『論語』と『荘子』とを素材として考えていくことにする。『論語』は、孔子及びその弟子たちの言行録で、再伝〜数伝の時代に編集、潤色、補遺がなされる。現行本二十篇の形となるのは、後漢末の学者・鄭玄《じょうげん》（一二七〜二〇〇）の手による。『荘子』は、おおよそ荘周自身が著したとされる内篇七篇と、荘周後学によるとされる外篇十五篇、雑篇十一篇とから成る。この三十三篇の現行本は、西晋時代の郭《かく》象《しょう》（二五二頃〜三一二頃）が刪定《さんてい》したものである。いずれも古代の日本にもたらされ、以後その文化に大きな影響を与えることになった書物である。

二　『論語』の死生観

子、怪力乱神を語らず

孔子の思想は、死の問題よりも生の問題を重視すると言われる。孔子の関心は、専ら現実の問題、つまり人は社会の中でいかに生きるべきかということに向けられていたとされる。孔子が繰り返し説く「礼」とは、社会制度から倫理規範、宗教儀礼から日常道徳に至る様々な行動規範を指している。また、彼の中心思想と言うべき「仁」とは、個人の中にあって礼の実践を支える最高の道徳性を意味すると同時に、他者との誠実な関係を促す言葉である。より良い社会の実現と個人の道徳性の完成を志向するところに、孔子の学問は確かにあった。『論語』の中では、孔子について次のように記している。

先生は、怪異や暴力や背徳、そして人知を越えた世界のことがらなど（怪力乱神）については、決して口にされなかった。（述而《じゅつじ》篇）

孔子の基本的な考え方を示すものとして、次のような言葉が見える。

現実社会で人として為すべき道を努力して行い、人知を越えた世界のことがら（鬼神）については慎重な態度で接する。それこそが賢いやり方というものだ。（雍也《ようや》篇）

このような不可知なもの（神、鬼神）に対する孔子の態度を最もよく表した言葉とされるのが、弟子の子路（姓は仲、名は由）との問答である。

子路が、死者の霊（鬼神）に仕える道を先生にお尋ねした。先生が答えられた。生きている人に仕えることもできないで、どうして死者（鬼）に仕えられよう。子路が畳みかけるようにして言った。では、死ぬとは体どういうことでしょうか。すかさず先生が答えられた。生きるとはどういうことかも分からないで、どうして死とは何かが分かろうか。（先進篇）

確かに、『論語』には、これ以上に死や死後の世界に関する詳細な議論はほとんど見られない。では孔子は、人の死に対して無関心であったり、敢えて死について考えまいとしたりしていたのだろうか。そうではないようである。『論語』を丹念に読んでいくと、そこには人の死にしっかりと向き合う孔子の姿が描かれている。

命《めい》なるかな、斯《こ》の人にして斯の疾《やまい》有ること

門人の冉《ぜん》伯牛（姓は冉、名は耕）が重い病に罹《かか》った時、見舞いに行った孔子は部屋に入らず窓越しにその手を取り、「こんなことがあるなんて。人の力ではいかんともしがたい運命だ。このような立派な人がこんな病になろうとは。このような立派な人がこんな病になろうとは」と語る（雍也篇）。孔子のこの時の行動には諸説あるが、下村湖人（一八八四～一九五五）は『現代訳 論語』（一九五四年初版）の中で、「重要なのは、悪疾をいとわず手を握った孔子の愛情である」と述べている。

また、最愛の弟子である顔淵（姓は顔、名は回）が若くして亡くなった時、孔子は激しく身を震わせ声をあげて

泣き、「彼のために慟哭《どうこく》しないで一体誰のために慟哭しようか」と述べ、さらには、「天は私を見放した」とまで落胆している（先進篇）。顔回の死によって我が道の伝承が絶えることに対する絶望感を表したものとされるが、何よりも愛する者の死を受けとめかねて取り乱し、いわば放心状態になった孔子の姿をそこに見ることができる。

徳行に優れた門人として先進篇にその名が挙げられているこの二人の場合、高齢になり天寿を全うして死を迎えるといった、いわば尋常な死に方でなかったことは確かであろう。だから、すべての人の死を理解しがたい、受け入れがたいものとして捉えていたわけではないだろう。しかし、孔子が死を、人の理解と能力を越えたものとして捉えていたであろうことは推測できる。人知を越えた、人の力では如何ともし難い運命をそこに見ていたと言えよう。現実社会のあり方とその中で人がいかに生きるべきかをひたすら追究した孔子は、だからこそ、人の死に寄り添い、心から哀しみ嘆いたのである。次に、孔子が自分自身の死についてどのように捉えていたのかを見てみる。

丘の禱《いの》ること久し

『論語』の中には、孔子が重病状態になった時の話が二個所見える。

述而篇に見える話では、子路が先生のために「禱る」ことを願い出たところ、孔子は「そのようなことがあるのか」と答える。子路が「爾《なんじ》を上下の神祇《しんぎ》（天地の神々）に禱る」という、死者の霊前に捧げる「誄《るい》」の言葉を挙げたところ、孔子が「そのようなことなら、私はいつでも祈っている」と述べる。また、子罕《しかん》篇に見える話は、孔子が危篤状態になったので、子路が門人を孔子の臣下に仕立てて、師の最期を大夫《たいふ》（家老）のように立派に飾ろうとした。病が小康を得た時、孔子は「子路は何とでたらめを続けることか。臣下などいない身分なのに偽ったことをして。一体誰をだますというのか。天を欺こうとでもいうのか」と、子路の行為を激しく非難する。そして、「私

図2－1　孔子像（九州大学附属図書館所蔵『聖廟祀典圖考』道光10年刊より）

は臣下の手で葬られるよりも、むしろ君たちの手で葬ってもらいたいものだ」と述べたという話である。

両者は異なる話ではあるが、どちらも子路が病篤き孔子に対して行ったことを、孔子が退けている。後者は偽りの行為に対して強く非難したものである。前者は「上下の神祇に禱る」という行為そのものを否定したわけではないが、子路と孔子とでは、祈ることの中味や姿勢に違いがあったために、これを退けたのである。子路の祈りは、孔子の病気が快癒して命が永らえることだけをひたすら願うものであったが、孔子の祈りは、天地に対して自己の命を委ねることを願うもので、天地の意志（天命）に随順して恥じることのない生き方をするという、平素の姿勢そのものであった。

以上のように、孔子自身、天命に従いながら死を迎えるという考え方を持っていたことが分かる。では、孔子は死者に対するあり方については、どのように考えていたのであろうか。

喪《も》には其の易《おさ》めんよりは寧《むし》ろ戚《いた》め

死者を葬ることや喪に服することに関しては、『論語』の中でしばしば言及される。孔子が生まれた魯の国の家老である孟懿子《もういし》が「孝」とはどのようなことであるかと質問したのに対して、「違《たが》わないことです」と答えた孔子は、その意味を尋ねた門人の樊遅《はんち》（姓は樊、名は須）に次のように説明する。

親が生きている時には礼に従ってお仕えし、亡くなった時には礼に従って葬り、さらに礼の定めに従ってお祭りすることだ。（為政《いせい》篇）

ここでは、葬祭が子が親に対して為すべき孝の一環として捉えられ、礼にかなった形で行われるべきであると説かれている。また、「葬礼は心を込めてきちんと行う」（子罕篇）と述べているように、孔子は葬事を君子の務むべき大切な事柄と考えていた。それでは、葬礼においては何が一番大切なことであるのか。林放《りんぽう》という人物が、礼の根本について質問した時に、孔子は次のように答えている。

吉礼は贅沢にするよりは、むしろ質素にした方がよい。凶礼（葬儀）は手落ちがないように心配りをするよりは、むしろ心から悼《いた》み悲しんだ方がよい。（八佾《はちいつ》篇）

また、次のようにも述べている。

人の上に立ちながら寛容でなく、礼を行うのに敬意を欠き、葬儀に際しても哀しみを懐《いだ》かないような人物では、見るべき点など一体どこにあろうか。（八佾篇）

このように、葬儀を行う者も、葬礼に参与する者も、心の中に悼み悲しむ気持ちをしっかり持つことが大切である、と考えているのである。もちろん、それは他者に見せるためになされるものではなく、心の自然なる姿としてなされるものである。孔子自身の行為について、門人が次のように語っている。

> 先生は、喪中の人と一緒に食事をされる際には、腹一杯になって満足されるようなことはなかった。先生は弔問に行かれて哭泣された日には、歌をうたって楽しまれることなど決してなかった。（述而篇）

このように孔子は、死者をおろそかに扱うことなく、哀しみ悼む心でもって葬礼や服喪を行い、更に礼にかなった形で死者を祀る祭礼を行うことが重要であると考えていた。そして、葬祭の礼を行うに当たっては、何よりも自然な感情に基づいた誠実さを求めた。それは、生きている人との誠実な人間関係をその基盤としていたからである。「生きている人に仕えることもできないで、どうして死者に仕えられよう」とは、そのことを明確に指摘した言葉であろう。そうした孔子の死生観の根底には、生命の根源としての天に対する畏敬の念が存在した。

朝《あした》に道を聞かば、夕《ゆうべ》に死すとも可なり

門人の子夏（姓は卜、名は商）が次のように語っている。

> 私は先生からこういうふうに聞いている。生や死は天がもたらす運命であり、富貴もまた天の意志であって、人の意志ではどうにもならないものである、と。（顔淵篇）

孔子にとって、死は人知や人為を越えた天に関わるものであり、だからこそ、天に従い命に安んじることが重要であった。ある時、孔子は川のほとりに立って、「過ぎ行くものはこの川の流れと同様だ。昼も夜も休むことがない」と述べた（子罕篇）。これを、人生が過ぎ行く、はかないものであることを嘆じた言葉と捉えるか、それとも永遠なる道が存在することを確信した言葉と捉えるか、諸説分かれるところではある。ただ、孔子が、人は死に行

く有限なる存在ではあるが、そこに無限なるものとのつながりがあると見ていたことは確かであろう。「天は何も語らないが、四季はめぐり、万物は生じる」（陽貨篇）とか、「私を本当に知っているのは天であろう」（憲問篇）といった言葉の中に、天に対する絶対的とも言える信頼感を見ることができる。孔子は、天の生生なる働きは永遠であり、その天との関係において「私」という存在があると考えていた。だから、「天命を畏れつつしむ」という言葉が君子の「三畏」の冒頭に置かれ（季氏篇）、「天命が分からなければ、立派な人物（君子）とは言えない」という言葉が『論語』最終章の初句を飾るのである（堯曰《ぎょうえつ》篇）。

このように見てくると、孔子の生を見る眼差しは、天命を通して人の死をもしっかりと捉えていたと言える。「ある朝、人として生きるべきあり方が本当に分かったならば、たとえその夕方に死んだとしても、思い残すことなど何もない」（里仁篇）という力強い言葉は、生と死を貫く天命の実在を確信し、誠実にそれに従おうとした孔子の思いを見事に表現したものと言えるだろう。では次に、道家の死生観について見てみよう。

三　『荘子』の死生観

従然《しょうぜん》として天地を以て春秋と為す

『論語』が孔子やその門人たちの語録であったのに対して、『荘子』は多彩な寓話と精緻な論説によって構成されている。何よりも『論語』と比べると、『荘子』には人の死がはるかに多く描かれている。外篇・至楽篇の有名な「髑髏《どくろ》問答」もその一つである。

荘子が楚の国に旅をした時、ひからびた髑髏を見つけ、あなたは一体どんなことをしたためにこんな姿になってしまったのか、と問いかける。そして、髑髏を枕に横になると、夜半、髑髏が夢に現れ、死後の世界の話を語り出す。死んでしまえば、君主も臣下もなく、仕事に追われる日常もない。ゆったりとした気持ちで、自然の時間をそのままに生きている。王者の楽しみでさえ、これには遠く及ばない、と。これを聞いた荘子が、生き返ることができるとしたらこれを望むか、と問うたところ、髑髏は王者の楽しみを棄てて人生の苦労を繰り返すことなど誰がしようか、と言い放つ。

また同じ篇に、荘子の妻が死んだ時の話が出てくる。友人の恵子《けいし》（恵施）が弔問に行ったところ、荘子は足を投げ出し、瓶《かめ》を叩きながら歌をうたっていた。これはあんまりではないかと言う恵子に、荘子は次のように答える。

最初は私も嘆き悲しんだ。だがその人生の始まりを考えてみれば、もともと生命はなかった。それどころか、身体もそれを形作る元素としての気もなかった。捉えどころがないぼんやりした状態の中から気が生じ、身体や生命に変化したのだ。それが今、また変化して死んでいくのだ。これは四季のめぐりと同じことだ。人が大いなる部屋で安らかに眠ろうとしているのに、大声を上げて泣き叫ぶのは、運命を理解していないことだと分かり、私は嘆くのをやめたのだ。

これらの寓話は、必ずしもことさらに生を否定したり死を礼讃したりしているわけではない。生を善いものとして執着し、死を厭うべきものとして避けようとする常識的な考え方に根底から揺さぶりをかけているのである。死は本当に嘆くべきこと、避けるべきことであるのだろうか。生と死は春夏秋冬の巡りのようなもの、つまり、自然の姿ではないか。よく考えてみれば、死は人が本来の状態に戻っていくことではないか、と。このように『荘子』は、世間の常識や固定観念といったものに対して、それらを徹底的に問い直していく。

道は通じて一為り

荘子は世の中の人々の姿を見ながら、このように考える。人は彼と此、大と小、美と醜、善と悪といったものをことごとく対立させ、そうした現象に特定の価値を賦与する。しかし、それは果たして真実の姿であるのだろうか。むしろ相対的なことを絶対化し、そのことにとらわれて真実の姿が見えなくなっているのではないか。真実は、あらゆる対立意識を越えたところに存在する絶対的境地であるはず。荘子はこのように考えて、真実（道）の立場に立てば、あらゆるものは区別や対立を越えて一つとなる、と主張する（内篇・斉物論篇）。だから人は、世間の常識や既成の価値観に対するこだわりやとらわれから一旦解き放たれることが必要になる。人は社会の中にある様々な束縛から解放されて、絶対自由なる境地に我が身を委ねていくことが大切なのである。

図2－2　荘子像（九州大学附属図書館所蔵『古聖賢像傳畧』道光7年刊より）

この絶対自由なる境地に遊ぶ者の姿を象徴的に描いたのが、『荘子』内篇の冒頭、逍遙遊篇に見える鵬《おおとり》の飛翔である。北の果ての海にいるとてつもなく大きな「鯤《こん》」という魚が、あるとき変化して巨大な「鵬《ほう》」という鳥となり、南の果ての海をめざして大空を飛翔する。蜩《ひぐらし》や学鳩《こばと》といった小さな生き物たちは、これを大げさで何の役にも立たないことだとあざ笑う。荘子は言う、小さな知識では大きな知識を理解することはできない、と。

荘子がこの寓話で語ろうとしたこと、それはあらゆるものに依存することなく、窮まりのない世界に自らを解放する（無窮に遊ぶ）者こそが、理想的な人間の姿であるということであった。日常の中でまとわりついて離れない様々な「とらわれ」の中で、最大とも言うべきものが、生に対する執着心、死に対する嫌悪感や恐れであろう。『荘子』の中に死者や死の問題がしばしば登場するのは、そのためである。

適《たま》〻《たま》来たるは夫子の時なり

内篇にも人の死がしばしば取り上げられる。その一つ、養生主篇《ようせいしゅ》に、老聃《たん》が死んだ時、友人の秦失《しんいつ》が弔問に行き、型通り三度号泣しただけで退出したという場面がある。友人なのにあんなものでよいのでしょうか、と言う弟子に対して、秦失は次のように語る。

私が弔問のため部屋に入ったところ、老人はわが子を亡くしたように、若者は母親を亡くしたように、哭泣していた。あれは求められもしないのに弔いの言葉を述べたり哭泣をしたりするものだ。天地自然の真実の道理から外れるもので、古人はこれを、自然から外れた罪と呼んでいる。たまたまこの世に生を受けたのは、あの方が巡りあった時に生まれただけであり、たまたまこの世を去っていくのは、あの方が死ぬべき道理に従ったまでのことだ。時に身を任せ、道理に従っていくならば、喜びや悲しみの感情が入り込む余地はない。古人はこれを、天地自然による解放と呼んでいる。

生と死の真実の姿を正しく捉え、それに従っていくことが説かれている。それは、無差別・無対立なる天地自然の真実の世界に到達することであった。そこではあらゆる対立が消え去る。万物斉同、死生一如の境地に生きること、これが荘子の死生観であった。

始めを善しとし、終わりを善しとす

『荘子』の死生観をよくまとめた論説が、内篇・大宗師篇に見える。

真実に到達した昔の人物（真人）は、生をことさら喜ぶことも、死をことさら憎むことも知らなかった。生まれでたことを嬉しがらず、死んでいくことを嫌がることもない。悠然《ゆうぜん》としてこの世に出て行き、悠然としてこの世から帰って来るだけである。生の始まりを知らないし、その終わりを知ろうともしない。生命を受け取ってはそれを喜び、またすべてを忘れてそれを返上する。こうした生き方を、「自分の心で真実の道をゆがめたり、人の知恵で天の自然の働きを左右したりしない生き方」と言うのであり、こうした境地にある者を真人と言うのだ。

死と生があるのは運命（命）である。それは夜と朝があるのが自然（天）であるのと同じである。人の力ではどうすることもできないもので、すべてのものの真相である。（中略）そもそも大地は我々を載せるために肉体を我々に与え、我々を働かせるために生命を我々に与え、安楽にさせるために老いを、休息させるために死を与えている。だから、自分の牛を善きものとみなす者は、自分の死をも善きものとみなすのである。（中略）だから聖人は、すべてのものを包み込んだ境地に自らを解き放って、すべてをありのままに肯定する。若さを善きものとし、老いを善きものとし、生まれてきたことを善しとし、死にいくことを善しとする。

それは、死への礼讃でもなければ、生への蔑視でもない。万物すべてがあるがままにあるように、あるがままの姿を受け入れて生きることを肯定する言葉であった。

七日にして渾沌《こんとん》死せり

『荘子』内篇の最後に、有名な渾沌説話がある。次のような話である。

南海の帝王である儵《しゅく》と北海の帝王である忽《こつ》とが、中央の帝王である渾沌の土地で出逢い、渾沌に歓待される。両者は渾沌に報いる方法を相談する。そして、人にはあって渾沌にはない七つの穴（目、耳、鼻、口）を差し上げることにした。一日に一つずつ穴をあけていったところ、七日たつと渾沌は死んだ。（内篇・応帝王篇）

これは人間が有する知識や作為が、自然の持つ無作為にして根源的なる真実の相を遂には破壊してしまうということを譬えた話である。渾沌とは、前に見てきた話で言えば、すべてをありのままに肯定し、悠然として生き、悠然として死ぬ、死生一如の境地と言えよう。最後の「死」という言葉は、もちろん寓話上の表現ではあるが、そこに荘子思想の持つ大切な視点を見ることができる。ある意味では、死の問題を徹底的に考え抜いていったところから、荘子の思想は生まれてきたと言えよう。

おわりに

本章では、『論語』と『荘子』を取り上げて、それぞれの死生観について考察してきた。どこまでも生の問題を考えながら、その生の根源である天（命）を通して死を捉えようとした孔子。死を凝視しつつ、生と死の根底にある真実の世界（道）を追究していった荘子。両者の視点や発想、そこから展開し提示される学説は確かに異なっている。しかし、生と死に対する二人の思想はどこかでつながるものがある。『論語』（顔淵篇）の「死生、命有り」という言葉と、『荘子』（大宗師篇）の「死生は命なり」という言葉の重なりは、そのことを見事に物語っている。

人はどのように生きればよいのか。その探究は死の問題を避けてはあり得ない。そして、それは人という存在を窮極的に問うことになる。「天」、「命」そして「道」という言葉は、そうした思索の中から浮かび上がってきた、意味のある「言葉」であったのだろう。その言葉は、やがて千数百年以上の時を経て、思想界の新たなる流れの中で大きく浮かび上がってくることになる。あらゆる存在の根本と原理を問い、人の本質とそのあり方について徹底的に追究していこうとした近世儒学思想の豊かな地平。それは、以上見てきたような中国古代の人々の、生と死に対する深い思索を、遙かなる淵源としていたと言えよう。

参考文献

①金谷治訳注『論語』岩波文庫、一九九九年
②下村湖人訳『現代訳 論語』ＰＨＰ研究所、二〇〇八年
③笠原仲二「論語に現はれた死生観」『立命館文学』第一〇五号、一九五四年
④柴田篤「「未知生焉知死」再攷――『論語』の死生観をめぐって――」、山田敬三先生古稀記念論集刊行会『南腔北調論集――中国文化の伝統と現代――』東方書店、二〇〇七年（本章第二節の内容と部分的に重複するところがある。）
⑤下村湖人『論語物語』講談社学術文庫、一九八一年
⑥金谷治『死と運命――中国古代の思索――』法蔵館、一九八六年
⑦福永光司訳注『荘子』（中国古典選）朝日新聞社、一九五六年
⑧福永光司『荘子――古代中国の実存主義――』中公新書、一九六四年
⑨大濱晧『荘子の哲学』勁草書房、一九六六年

※附記　本章で引用した文章は、筆者が原典から直接現代語訳したものであり、一部に意訳や要約も含まれるので、原典を確認することを勧めます。

3 生老病死の苦海から
――インド思想が導くもの――

片岡　啓
（インド哲学史）

はじめに

仏教でいう「生死《しょうじ》」とは、誕生と死のことである。この世での生を表す言葉は「アーユス」（寿命）であり、それを専門的に扱うのはインドでは医学文献アーユルヴェーダである。百年の寿命を全うすることは、古今を通じて人間の関心事である。しかしインドの宗教家、とりわけ出家遊行者達の関心は、身体的な生命を超えた所にあった。生老死は、生まれ変わりを繰り返す始まりのない輪廻という大きな枠組みの中で捉え直される（十二支縁起）。我々が輪廻するのは何故か。それは、個々人の持つ業（カルマ）による。これがインドの宗教の共通した見解である。では、業を抱えて我々が生まれ死ぬを繰り返す根本の原因は何なのか。その原因は我々の無明すなわち無知にある。だからこそ智恵により解脱《げだつ》できる。これが生死という苦にたいする仏教の最終的な解答である。本章では広い視野から輪廻・業を捉え直し、生死という問題にたいするインド思想の回答を分析する。さらにそこから浮かび上がってくるアヒンサーという考え方を通して、人と人とを繋ぐ「共感」について考えたい。

一　輪廻・業・解脱

ブリグの地獄遍歴

古代インドの祭式文献（ヴェーダ文献）の一つ『ジャイミニーヤ・ブラーフマナ』に、ブリグの地獄遍歴の話がある（一・四二～四四）。

ヴァルナ神の子ブリグ（Bhṛgu）は、ヴェーダの学習者（anūcāna）であった。彼は父よりも勝れ、神々よりも、学識ある他のバラモンたちよりも勝れていると思っていた。ヴァルナは考えた：「わが子は何ごとも知らず。よし、彼をして悟るところあらしめん」と。そこで彼の生気を奪った。彼は呼吸を失った。彼は呼吸を失って、他界へ赴いた。彼はかの世界に到着した。人間が人間を切り刻み、それを食べていた。彼（ブリグ）は言った：「ああ、これは現実か、そもそもこれは何ごとか」と。彼らは言った：「父なるヴァルナに尋ねるがよい。彼はそれをお前に説明するであろう」と［文献④二二頁］。

思い上がったブリグは父により生気を奪われ「かの世界」に到着する。そこでブリグは、人間が人間を切り刻み食べているのを目撃する。第二の場所では、人間が泣き叫ぶ人間を食べているのを目撃する。第三の場所では、人間が黙って無言の人間を食べているのを目撃する。このようにして彼は計六つの場所を巡り帰還する。

彼（ブリグ）はそこから帰還した。彼はヴァルナのもとへ来た。彼（ヴァルナ）は彼（ブリグ）に言った：「帰りきたりしや、愛児よ」と。「帰って来ました、父よ」と。「汝は見たりや、愛児よ」と。「見ました、父よ」と。「何を、愛児よ」と。「人間が人間を切り刻み、それを食べました」と。「オーム（om 然り）」と彼（ヴァルナ）は言った：「この世においてアグニホートラ祭を行わず、正しき知識をもたず、材木を切り刻んで火にくべる者、かくのごとき者をかの世において、樹木は人間の姿をとり、その報いとして食らう」と。「それに対していかなる贖罪（niṣkṛti）がありますか」と。「この場合〔祭祀のための〕薪（samidh）を火にくべること、これがそれに対する贖罪なり。これにより人はその〔報い〕を逃がる」と〔文献④二三一―二四頁〕。

帰還したブリグに父は説明する。材木を切り刻んで火にくべる者を、かの世において、樹木は人間の姿をとり、その報いとして食らうと。また、啼き叫ぶ家畜を煮焼きする者をかの世において、家畜は人間の姿をとり、その報いとして食らうと。また、黙して無言の米・麦を煮る者をかの世において、米・麦は人間の姿をとり、その報いとして食らうと。

ここにあるのは「やったらやり返される」という復讐、報いの観念であり怖れである。これはモラルの帳簿計算に基づく。

私があなたを傷つけたとする。すると「幸福は財である」という原則により、私はあなたに負の価値を与えたことになる。モラル計算のメタファーにより、負を与えることは正を奪うことと同じである。あなたを傷つけることで、私は負の価値（傷害）を与えたことになる。そして、それに応じて、正の価値（幸福）をあなたから奪ったことになる。だからこそ、人が他人を傷つけた時、どのようにして罪から免れるかが問題となるのである〔文献⑤二九四頁〕。

相手に与えた分のマイナスが、いずれ自分にはね返って来て「埋め合わせ」させられる。報復・復讐の場合、相手が受けた損害と同じ分の損害が自分に返されることで均衡が図られる。「目には目を」である。埋め合わせの場合、相手に与えた損害を埋め合わせるような正の価値を自分が与えることで元の状態への回帰が図られる。賠償金の支払いなどである。いずれも、帳簿の収支バランスが取れるように計算が行われ、プラスマイナスゼロになった状態に落ち着く。逆に何らの返報も行われないなら均衡が崩れたままとなる。貸した金を返さない相手を非難するのは、それが我々のモラルに反した行動だからである。

貸し借りのバランスを取る帳簿計算は、祭祀儀礼でも同様である。神への供物は、いわば神に「貸し」を作ることである。この世での行いは貯蓄され、あの世で神に返してもらうことになる。その蓄えで（当分の間は）天界で楽しく暮らせる。

業の観念の成立

このような観念を前提として輪廻と業の観念が成立する。善因楽果、悪因苦果の因果応報の考え方である。行為の結果は貯金され、その業貯金が増えたり減ったりしながら、天界や地獄を巡り、輪廻することになる。六道輪廻の世界観である。善行とは楽果をもたらすような行いであり、悪行とは苦果をもたらすような行いである。善悪は未来の楽苦により決定される。

インドにおける輪廻と業の理論、その基盤にあるのは、このような業貯金のバランスという考え方であり、宇宙という銀行との取引という考え方である。

対人関係の取引が、神との取引に応用され、さらに、個人の預金通帳の中で業が精確に計算されることになる。

図3－1　パシュパティナート寺院傍の川岸に半身埋まった釈迦牟尼像

このように無限に輪廻しながら、生類は生死を繰り返す。浮き沈みを繰り返す無限の生死は苦そのものである。その苦しみから完全に解放されることが解脱である。それは、業貯金が完全になくなってこれ以上輪廻しないこと、つまり、業の預金通帳を閉じることである。

インドにおける生と死、それは無限に輪廻する業貯金の苦世界であり、世俗の善悪のモラルに縛られた世界である。その対照点として解脱（苦からの解放）や涅槃《ねはん》（ニルヴァーナ）という宗教的目標が立てられる。

解脱の仕組み

では、どうすれば解脱できるのか？　仏陀が悩んだのも解脱の方法論である。彼は苦という病気を治す医者。医者はまず病気の原因を突き止めなければならない。毒矢の喩え（『箭喩経《せんゆきょう》』）に説かれるように、矢を射たのが何処の誰なのか、弓矢の材質は何なのか云々といった詮索は必要ではない。まずは矢を抜き毒を抜くという実際的な治療こそが今ここで求められていることである。瀕死の病人を救うのは、ウパニシャッド文献に見られる高踏的な思弁哲学ではない。実践的な救いの宗教である。病気の原因を退治してやれば、病気も治る。因果関係の理論に基づいた実践的な教えが、苦集滅道という仏教の四諦（四つの真理）の教えである。

集（原因）　↓　苦

道（方法）　↓　苦の滅（＝解脱）

苦しみには原因がある。その原因が集（発生元）である。その原因を断ち切る修行方法が道である。その道により苦しみの滅が実現する。では、苦しみの原因とは何か。仏教も含め、インド哲学諸派では次のような因果モデルを想定する。

誤知　↓　過失（欲望等）　↓　発動　↓　再生　↓　苦

明知　↓　離欲等　↓　発動の停止　↓　不再生　↓　苦の止滅＝解脱

苦の原因はまずもって生まれ変わることである。生きているから苦がある。その生は何によってもたらされたのかといえば、前世での行為発動である。では行為発動は何に基づくかといえば欲望・憎悪等の精神的過失である。それは結局のところ、根本的な無知・誤知に基づいている。したがって、この無知・誤知を取り除けば全てが解決する。すなわち明知という智恵を修習することで欲望等を離れ、そうすることで行為発動が停止し、結果として生まれ変わることがなくなり、苦しみがなくなることになる。この苦の滅こそが解脱である。

解脱への道として、ジャイナ教では苦行を説き、仏教では智恵（無我見）を説く。しかし無限に貯まった業の貯金をなくすのは容易ではない。仏陀の前世物語に見られるように、何万回も生まれ変わってようやく実現するような話である。もっと簡単な解脱方法はないのだろうか。

二　神への帰依（バクティ）

インド哲学の真理論――「自ら真」と「他から真」――

空海の即身成仏に典型的なように、「早い、簡単」は宗教ビジネスの世界でも同じく人々が求めるものである。平安貴族が中国直輸入の最新の密教儀礼に入れ込んだのも当然である。

即効性の救済の先駆形として、インドにはバクティの信仰がある。業の借金は、神の恩寵により、徳政令のように帳消しにされる。自力での解脱ではなく、神による救済という考え方である。バクティを説く『バガヴァッド・ギーター』の世界観、および、そこで説かれる「成果主義の否定」に入る前に、インドの優れた哲学者クマーリラ（紀元後七世紀前半頃）の真理論を見ることで、まず、我々の頭を理論的に整理しておこう。

遠くに見える水。真夏のインドであれば、陽炎の可能性を疑うだろう。そんな時、本当に水のあることを確かめるにはどうすればいいのだろうか。近寄って本当に水のあることを確認するのが第一の方法。しかし、疑い深い人であれば、近寄って見た時の認識も「いや、これも間違いかもしれない」と思うだろう。その場合、実際に水を飲んでみて喉を潤せばよい。水の効果を実際に確かめることで「水の認識は正しかった」と証明するのである。

最初の水の認識が真であることを、後から別の認識で証明する。あるいは効果を確認することで証明する。これが「他から真」という考え方である。後続認識や効果確認によって真を検証する立場である。しかし、この考え方には明らかな欠陥がある。無限後退に陥ってしまうのである。どういうことだろうか。

最初の認識を疑ったのと同様に、第二の認識も疑うことができる。同様に、第三の認識も疑わねばならないはずである。水を実際に飲んで効果を確かめたといっても、ひょっとしたらそれも幻覚かもしれない。つまり、疑い出せばきりが無いのである。「他から真」という立場に立つ以上、認識は常に「他によって」証明されなければならない。つまり無限に他の検証認識を必要とするはずである（認識←認識←認識←－－－←認識←－－－）。

もしも検証によって先行認識の正しさを求めるならば、更に別の認識を求めることになるので、我々は確定を得ることがなくなってしまう（クマーリラ『頌評釈』）。

これに対して反論があるかもしれない。「近寄って見た時の後続認識は正しいのだ」「喉を潤した時の効果確認の認識は正しいのだ」と。しかしこれはおかしい。この場合、認識は「自ら真である」と言っていることになるからである。「他から真」を標榜していた者が、「自ら真」である認識を認めたことになる。最初の認識は他を必要としていたのに、効果確認の認識が他を必要とせず、自ら真であるというのは根拠のないえこ贔屓である。ならば最初から「自ら真」を認めればよかったということになる。

或る認識が自ら正しいということを認めるならば、最初の認識が自ら正しいことを憎悪するのはどうしてなのか（『頌評釈』）。

他に基づいて真を証明しようとすれば、どこかで「自ら真」なる認識を認めなければならない。ならば最初から「自ら真」を認めるべきである。

『バガヴァッド・ギーター』――成果主義の放棄――

「他から真」「自ら真」という考え方を人生に応用してみよう。「他から真」であるとは、現在を未来によって後から検証したり、成果によって評価したりすることである。現在の状態がプラスなのかマイナスなのか、その評価はその時点では定まらない。現在は不定状態にある。現在の価値は、あくまでも事後評価や他人の評価によって定まる。あるいは成果を確認することで現在の価値が測られる。現在は常に未来に依存する。これは「他から真」の生き方である。

このような生き方の陥る先は明らかである。この人は遂に安定を得ることはない。無限後退に陥ってしまうからである。現在は常に未来に依存し、その未来もその先の未来に依存することになる。「真なる人生」「意味のある人生」というものは、常に先延ばしになるだろう。現在の価値が未来に依存する以上、この人は常に現在を有意義に生きることができなくなる。インドの聖典として有名な『バガヴァッド・ギーター』は、成果主義を戒め、現在に徹底することを説く。

あなたの職務は行為そのものにある。決してその結果にはない。行為の結果を動機としてはいけない。また無為に執着してはならぬ。アルジュナよ、執着を捨て、成功と不成功を平等（同一）のものと見て、ヨーガに立脚して諸々の行為をせよ。ヨーガは平等の境地（samatva）であると言われる［文献③二・四七―四八］。

戦士アルジュナは、従兄弟同士の戦争に嫌気がさし、目の前の戦いを放棄してしまう。その時、御者のクリシュナ（＝ヴィシュヌ）は本来の神の姿を現し、アルジュナを諭す。結果がどうなるかを気にすることなく、目の前の自らの義務に専念すること、武士（クシャトリヤ）の職務として戦いに専念すること、ここにしか真の道がないことをクリシュナは説いている。このような生き方を選択した者にとって、結果がどうなるかは関係ない。成功も不成功も同じである。ヨーガとは心の働きを抑えることであり、意識が乱れず「平らになること」である。しかし真のヨーガとは「成功も不成功も平らにみること」であると神は教えている。

行為の結果にこだわらず、なすべき行為をする人は、放擲者（saṃnyāsin）でありヨーギンである。単に祭火を設けず、行為をしない者は、そうではない［文献③六・一］。

解脱を目指す出家遊行者は、世俗の義務（祭火を用いた儀礼等）を全て投げ捨てた「放擲者《ほうてきしゃ》」である。そして精神集中のヨーガに勤しむヨーガ行者である。しかし『バガヴァッド・ギーター』によれば、それは真の解脱道ではない。放擲すべきは「行為の結果」という成果主義である。自らの義務を投げ捨て、何もせずに無為に過ごすことは解脱への道ではないというのである。

絶対他力の世界

しかし禅者ならぬ凡人は、「自ら真」を掲げ、自力で解脱を目指すほど力強くない。そこで『バガヴァッド・ギーター』は絶対の他者である神を導入する。現在を常に神に支えられたものと考え、絶対者への熱烈な帰依　信愛（バクティ）の道を説くのである。絶対の他力である。

あなたが行うこと、食べるもの、供えるもの、与えるもの、苦行すること、それを私への捧げものとせよ。かくてあなたは、善悪の果報をもたらす行為（業）の束縛から解放されるであろう。放擲のヨーガ（saṃnyāsa-yoga）に専心し、解脱して私に至るであろう。……たとい極悪人であっても、ひたすら私を信愛するならば、彼はまさしく善人であるとみなさるべきである。彼は正しく決意した人であるから［文献③九・二七―三〇］。

「他から真」を放棄し、現在に徹底することで「自ら真」に到達したさらにその先に、絶対の他に出会うというバクティ（帰依）の道が開けてくるのである。「善人なほもて往生をとぐ、いはんや悪人をや」と断言した親鸞の悪人正機と地続きの自覚の徹底がここにはある。

三　共　感

慈悲の宗教の基盤

因果応報の世俗世界が、カルマの帳簿計算に縛られた苦しみの世界であるのを見た。それを超越するにあたっては、帳簿計算を脱する必要がある。インドの宗教世界が等しく志向する解脱の救済論である。しかし自力での解脱には時間がかかる。遊行をして修行をする余裕があるのは一部の宗教専門家だけである。一般社会で暮らす家長や、女・子供・老人・病人には、膨大な業の借金を返すのは到底無理である。そこで、民衆にも開かれたバクティの救済論が登場することになる。シヴァやヴィシュヌといった絶対的な神の恩寵により、儀礼や帰依を通じて人々は救済される。

ここでの宗教理論の土台は、あくまでも業の帳簿計算である。自力での返済が不可能だからこそ、神に頼るのである。生死を超える中で神に会うとはいえ、その否定的な契機として、帳簿計算のメタファーが使われることにかわりはない。

しかし、我々のモラル感覚は、このような「計算高い」帳簿のメタファーだけに基づくわけではない。人間には共感のシステムが備わっている。人々が泣くのを見れば自然ともらい泣きをする。このような誰にも備わっている共感のシステムが、慈悲の宗教の身体的基盤である。

マカクザルのミラーニューロン（鏡の神経細胞）を思い起こせばよい。マカクザルの脳の神経細胞の一部は、自分で餌を拾い上げる時に発火する。しかし、それは単に自分の身体を動かす時だけでなく、実験観察をする人間や、別のマカクザルが食べ物を拾い上げるのを見る時にも同じように発火する。つまり、相手の行動を自分の行動と同じように写し取る機能が備わっているのである。

このようなマカクザルの脳の働きから、人間の中にも、相手の行動を自分の行動として写し取る機能が想定できる。それは人間誰もが持つ共感という働きと密接に結びついていると考えられる。相手の行動を自分の行動としてシミュレートし、さらに、そこから相手の感じ方を自分のものとして実感することができる。このような脳の働きがあるからこそ、慈悲を基盤とする宗教が可能となる。相手の気持ちが分かるのである。

アヒンサー——共感に基づく不殺生の思想——

アヒンサー（不傷害、不殺生）というのは、インドの宗教的徳目の中でも第一に掲げられるものである。既に見た「ブリグの地獄遍歴」に確認できるように、その基盤の一つとして報復への恐れがあった。報復される恐れがあるから相手を傷つけないのである。仏教の中にも、相手に与えたのと同じ苦しみが自分に返ってくるという「行為の等しさ」（karmasāmya）という考え方がある。「相手に与えた行為」＝「自分に返ってくる行為」という等式である。仏教版の黄金律である。

しかし、犠牲獣祭で首を落とされんとする山羊を見た時、心の中にあるのは、そのような推論的な計算だけだろうか。もっと直接に心に憐憫の情を覚えるのではないか。「知覚は推論より強力である」という原則がある。アヒンサーという原則を強固に支えているのは、帳簿計算よりも、もっとダイレクトに心に訴える共感のシステムと考えられないだろうか。相手が苦しんでいるのを見れば、自らも苦しくなり手を差し伸べたくなるはずである。慈悲（karuṇā）や憐憫（dayā）である。

大乗仏教は自利利他を標榜する。阿羅漢ではなく、衆生を救う菩薩という在り方を模範とする。相手の苦しみを抜くために慈悲から行動を起こすのが菩薩（悟りを目指す人）である。その根本的動機は帳簿計算ではなく慈悲である。大乗仏教の仏陀像によれば、仏陀は慈悲に基づいて修行し、自ら悟り、その悟りの方法を衆生に説いたと捉え直される。つまり仏の教えの根本動機は慈悲にあるとされる。

M・K・ガーンディーの行動基準――アヒンサーとサッティヤーグラハ――

アヒンサーは、仏教やジャイナ教といった沙門の宗教において特に重視される徳目である。ガーンディーの生まれた（現在の）グジャラート州は、禁欲的なジャイナ教の教えが色濃く残る地方である。ガーンディー自身はヒンドゥー教徒であるが、ジャイナ教を含めたグジャラートの禁欲的な傾向は、ガーンディーの思想に反映している。大ガーンディーの思想の両輪は、アヒンサー（非暴力）とサッティヤーグラハ（真理へのしがみつき）である。大英帝国の官吏を相手に、暴力でこちらの権利を要求することはできない。ではどうするか。南アフリカのインド人社会を指導する中で彼が取った戦略が、非暴力的な不服従運動である。理不尽なアジア人住民登録法に対して、非暴力で不服従の態度を表したのである。住民登録をしないことで当然逮捕され監獄に入れられる。その苦難を受け入れることで、相手の態度を変えさせるのである。真理へのしがみつきは、憎悪を内に秘めた受動的抵抗とは異なる。

図3－2　ポンディシェリのガーンディー像

受動的抵抗では、敵対者に苦痛を与え、困らせようという考えがいつもあるのです。そして苦痛を与えつつ、自身被らなければならない苦痛に耐える準備をすることになっています。それに反して、サッティヤーグラハでは、対抗者に苦痛を与えようとする考えすらあってはなりません。苦難に自らじっと耐え忍んで対抗者を征服する考えがなければなりません〔文献①一七五―一七六頁〕。

相手を力でねじ伏せることはできない。かといって無力ゆえに受動的に抵抗するだけなら、それは弱者の受動的抵抗でしかない。ガーンディーの戦略は魂の力を信じ、この力を使い続ける強者の道である。不服従と非協力により自ら苦難を受けることで、相手の共感システムに訴えて、人々の態度を変えさせるのがガーンディーの戦略である。白人支援者も巻き込んだ闘争は勝利に終わる。

純粋な気持ちでした活動の結果は、それが目に見えるものであれ、見えないものであれ、よいものとなるということです。……本当の活動は、このような純粋で無償の多くの支援を、努力することなく自分の方に引き寄せる、そのことを示そうともしていたのです。……サッティヤーグラハ闘争で、真理にこそ固執すること、これをもし努力とするならば、この努力以外、白人たちの支援を受けるためにはほかのどのような努力もなされませんでした。闘争の力によってこそ白人たちは引き寄せられたのです〔文献①二七四頁〕。

ガーンディーの愛読書でもある『バガヴァッド・ギーター』は、成果主義の放棄を説く。帰依の信仰の内で、神に全てを任せ切ることで、個人の救済が図られた。ガーンディーは、それを政治的実践のレベルにまで降ろしてくる。自利を求める行為に誰も支援はしない。正義を信じる真理への固執が人々を突き動かす。誰もが持つ共感能力に訴えるのである。周囲を巻き込み、敵をも味方に変える対人戦略。だからこそ、武力闘争と非暴力主義とは根本的に相容れないのである。武力に共感する人はいない。あるのは恐怖からの追従だけである。恐れに基づく不殺生と、慈悲・共感に基づく不殺生は、全く異なる根っこを持つ。ガーンディーは後者を行動原理に据えたのである。

おわりに

生死という問題にインドの宗教がどう答えたのか。その背景となる考え方は何なのか。そこから翻って、現実の生に対し、どのような「生きる戦略」をインド世界は編み出してきたのか。「死んでしまった者について誰も何も言えない。世間は偽りの期待を抱いている」〔文献②二六頁〕とカビールは言う。聖地ベナレスで一介の機織職人として生涯を送り、形骸化した既成宗教を痛烈に批判したカビール（紀元後十五世紀前半）。最後に彼の箴言を引用して、筆者の生死考を終える。

鉄が金にどうしてなれようか、鉄が化金石〔賢者の石〕に触れないならば。生きながら〔苦海を〕渡らなければ死んでどうして渡れよう、生きながら渡らなければ。堅固な信仰を抱いたところ、その堅信の者はそこで不死となる〔文献②八八頁〕。

参考文献

①M・K・ガーンディー、田中敏雄訳『南アフリカでのサッティヤーグラハの歴史1』平凡社、二〇〇五年

②カビール、橋本泰元訳『宗教詩ビージャク』平凡社、二〇〇二年

③上村勝彦訳『バガヴァッド・ギーター』岩波書店、一九九七年

④辻直四郎『古代インドの説話——ブラーフマナ文献より——』春秋社、一九七八年

⑤Lakoff, George, and Johnson, Mark, *Philosophy in the Flesh*, New York : Basic Books, 1999. 訳文は筆者。

4　イスラーム社会における生と死

清水和裕
（前近代イスラーム史）

はじめに

近年、日本国内にもイスラーム教徒の数が増加しつつある。インドネシア、マレーシアなどの東南アジアや、パキスタン、バングラディシュなど南アジアの人々が中心であるが、トルコ、エジプトといった中東諸国の人々も見かけるようになってきた。また様々なきっかけでイスラーム教徒に改宗する日本人も増えてきている。

こういったイスラーム教徒にとって、日本で暮らす際の最大の問題の一つは、国内で死去した場合、火葬されてしまう可能性が高いことである。イスラーム教徒にとって、体を焼かれることは地獄（火獄）の責め苦を受けることに通じる。それは神のみが人間に与えることのできる罰であり、人間が人間に行ってよいことではない。火葬された遺体は、最後の審判の日に復活するための身体を失ってしまう、という考え方もある。復活して来世に行く権利を失うことは、イスラーム教徒にとって最悪の恐怖であると言ってもよい。このような考え方は、仏陀自身が荼《だ》毘《び》に付された仏教徒の慣習とは大きく異なっている。日本の法律自体は土葬を禁じているわけではないが、たとえば東京都は『墓地等の構造設備および管理の基準等に関する条例』で「知事は、公衆衛生その他公共の福祉を維持するために土葬を禁止する地域を指定することができる」と規定し、事実都内のほぼ全域がその地域に指定されている。日本で土葬可能な墓地を見つけることは簡単ではなく、そのため海外から来たイスラーム教徒はその遺体を母国に搬送するなど、非常な苦労をして、火葬を避けようとしているのである。

このように日本人一般の「死」に対する意識や人生観と、イスラーム教徒（日本人の方も含めて）のそれは、大きく異なっている。そこで本章では、イスラーム教徒と、彼らが大多数を占めるイスラーム社会の「生と死」の概念について、主に世界観の面から考えてみることとしよう。

一　宇宙論としての現世（ドゥンヤー）と来世（アーヒラ）

イスラームは、ユダヤ教、キリスト教とならぶセム的一神教である。地中海東岸からエジプトにかけての西アジア的社会環境のなかで生まれたイスラームは、先行するふたつの宗教と同じく、唯一絶対の神（アッラー）を創造主と仰ぎ、人間の生と死もまた唯一神の意志に従うものとして理解してきた。具体的には、神は七日間で天地を創造し万物を生み出し、さらに人間を造り上げた。そして、人間が地上に落とされてのちは、預言者たちを通して人間の共同体を導き、生死を含む運命を定め、やがて来る最後の審判の日にその行いを裁くのである。

神は、最初の人間として土からアダム（アラビア語ではアーダム）とイブ（ハウワー）を作り出した。これ以前に神は光から天使を、火から悪魔を作ったとされている。神はアダムに対して、

アダムよ、お前は妻とともに楽園に住み、好きなところで存分に食べよ。しかし、決してこの木に近づいてはいけない。さもないと、おまえたちは不義を犯すことになろう。（クルアーン第二章第三五節［文献⑧］）

図4－1　スルタン・アフメト・モスク
（トルコ，イスタンブル，1609-16年建造）

と告げた。いわゆる「禁断の果実」の物語であり、クルアーンにおいても彼らはサタンにそそのかされて禁忌を犯し楽園を追放される。

落ちてゆけ。たがいに敵同士となれ。とうぶんは、地上におまえたちの宿所と身のまわりのものとがあろう。（クルアーン第二章第三六節）

こうして人間は神によって楽園から追放され、「とうぶんは」現世である地上で過ごさざるを得ないことになる。そして、ここで「とうぶんは」とあるのは、全ての人がやがては現世である地上から、来世である楽園もしくは火獄へと移されることを意味している。

この後アダムの子孫は地に満ち、やがてノア（ヌーフ）の方舟などの試練を受け、またソドムとゴモラのように神の怒りに触れて滅ぼされる都市や民族もあらわれるが、全体として人間は地上を支配していくようになる。そのなかで、個々の人間は地上に生を受け、死に、そして地下に埋葬されるのである。

イスラームの人生観の特徴は、個々の人生のサイクルが宇宙のサイクルと連動していることである。

そこでは、神は人間の住む地上として現世（ドゥンヤー）を創造した。あらゆる人間が、一度はこの現世で生と死を体験する。それは、ひとりの人間からみれば一度きりの体験であり、人生である。しかし神からみれば、それは悠久の太古から続く無数の人間の生と死の連鎖ととらえられる。そうやって現世という世界が成立し存続している。しかし、神はこの現世を永遠に存続させるわけではない。ある一定の時点で、彼はこの現世の存在を終了させ、別のもう一つの世界である来世（アーヒラ）へと移行させる。それがいわゆる「終末の日」である。これは、より正しくは「現世の終末」ととらえられる。

イスラームの考え方では、我々が漠然と思い描くように現世と来世が同時並行的につながっているのではない。現世が存在する間は来世は存在しないか、もしくは誰もいない機能停止の状態にある［文献⑩］。これに対して、現世では歴史に従って多くの人間が次々と生まれ、生を営み、そして死んでいる。いわば、現世の大地には人類創世以来の人間が死者として埋葬されているのであり、現世とは死者の身体で充ち満ちた世界である。

そしてある時点で神は、この現世を終了させ、この太古より満ちる全ての死者たちを復活させる。これは比喩的な表現でも抽象的な表現でもなく、リアルに人々が地面から元の肉体をもって立ち上がると理解されている。こうして甦った歴史上の全ての人々は、その時点でたまたま生の時を過ごしていた生者たちとともに、神の最後の審判に向かうのである。審判によって「善」と判断された人々は、来世のうちの楽園に移され、「悪」と判断された人々は火獄へと移される。現世という名の宇宙は滅び、新たに来世という名の宇宙が始まると言ってよい。そして、この来世という宇宙は、現世と異なり、神の意志のある限り永遠に続くと考えられている。そこでは、楽園の喜びも火獄の苦しみも永遠なのである。

図4－2　スルタン・アフメト・モスク内部

この宇宙の変転を、個々の人間の側からみてみよう。それぞれの人間は現世のある特定の時代に生を受ける。そして子として、親として、社会人として様々なことを体験し、善行を積み、また悪事をなして、やがて死んでいく。しかし、ひとりの人間の人生はそれで終わるわけではない点が重要である。イスラームにおいては「死」とは、個々人がその人生の途中で必ず通過する体験である。クルアーンに「いかなる者も死を味わう」（第三章第一八五節）とあるように、どんな人間も死の運命を免れることはできない。しかし、それはあくまで、最後の審判における復活を前提とした一時的な人生の中断に過ぎないと理解されているのである。

いったん死を迎えた人間は、遺族によって身体を浄められ、白い布にくるまれて、地中に埋葬される。その際、右脇腹を下に、顔をメッカに向けて横たえられることになっている［文献⑥］。現世における「生」を終えた人は、再び目覚めるまで長い待機の状態におかれるが、現世が終末を迎えると再び身体を取り戻して立ち上がり、神の元に迎えられて最後の審判を受ける。

最後の審判はアラビア語では様々な名で呼ばれるが、そのひとつが「精算の日（ヤウム・アル＝ヒサーブ）」である。現世においては人間の行いは全てふたりの書記天使によって記録されており、この最後の審判の時に、各人の「善行」と「悪行」の差し引きが行われる。その結果が「黒字」であれば楽園へ、「赤字」であれば火獄へと移される。そして、そこで彼らは永遠につづく来世を生きることになる。いわば、イスラーム教徒にとっては、あらゆる人間は、みな永遠の人生をもっていることになる。死とは人生の休止にすぎず、この現世におけるわずか数十年の生は、来世における永遠の生を楽園と火獄のどちらで過ごすかを決定するための、いわば試験期間ということになるのである。イスラーム教徒にとっては、来世こそが本当の人生といってよい。

このような考え方を根本で支えているのが、この現世の世界と人間の生の全てを、神の創造の奇跡と考える見方である。

読め、「創造主なる汝の主の御名において。主は凝血から人間を造りたもうた」（クルアーン第九六章第一〜二節）

おまえたちは、おまえたちが漏らすもののことを考えてみたか。それを創るのはおまえたちか、それとも、創る者はわれらか。われらは、おまえたちに死を定めた。（クルアーン第五六章第五八〜六〇節）

彼は、もともと、こぼれた一滴の精液ではなかったのか。やがて一つの凝血となり、神が造って形を与え、男女の性別をつけたものだ。そのようなお方に、死者をよみがえらせたもうことがおできにならないとでも言うのか。（クルアーン第七五章第三七～四〇節）

こういったクルアーンの章句は、神による人間の創造が、アダムの創造の一度きりではなく、あらゆる人間の誕生が神の創造によるものであることを示唆しているとされる。人間の生命の核となる精液（漏らすもの）は人間ではなく神が創造したものであり、その精液が子宮に入って受精卵（凝血）となり、胎児（形）となって男女の性別を得ること、そのそれぞれの段階に全て神が関与しているとされている。このように、ひとりひとりの人間が存在すること自体、また生命が発達段階を経て人間として形づくられること自体が神の奇跡であると信じることによって、死後の復活と来世の存在という神の奇跡もまた、自明のこととして語りうることになるのである。

こうしたイスラームの世界観からすると、人類の歴史も個々人の人生も最後の審判の前後で大きく二分される。人類の歴史からみれば、最後の審判までは現世の歴史であり、人類は現世にあって個々の営みを重ねる。そして最後の審判の日以降は、現世自体がその役目を終え、あらゆる人類は来世である楽園か火獄に居を移し、神の裁きによって定められた善行の報酬（ワアド）か罪の報い（ワイード）を得るのである。個々人の人生も同じであり、人間ひとりひとりは現世に生まれて日々の生活を送り、その間、神の規範に照らした善行と罪を積み重ねる。やがて命数が尽きると埋葬されて大地の下で時を待つ。そして最後の審判の日を迎えると人々は地中から起き上がり、神に対面して裁きを受け、善行と罪の多寡によって楽園か火獄へ送られるのである。

二　来世における「生」

それでは現世のあとにあらわれるイスラームの来世とは、どのようなところなのか。

火獄は一般に、ヘブライ語のゲヘナ（ヒンノムの谷）に由来するジャハンナムと呼ばれるが、地下七層にわたる構造をもっており、そのそれぞれの層が別個の名をもつともされる。これらの七層には七つの門があり、罪人はそれぞれの罪に応じた階層に送られる。火獄の有様は極めて具体的な描写が伝えられており、不毛の大地が黒い焔と瀝青《れきせい》につつまれ、毒風、悪臭、熱湯の雨、硫黄と血や膿の河と海がみられ、蛇やサソリが住まうという。またザックームという樹に悪魔の頭のような実がなり、住人はこれを食するとされる。このように、火獄は「火炎に焼かれつづける」という言葉で語られ、その黒い焔には浄化のイメージがない。ムスリムが火葬を忌み嫌うのは、このような火獄の火のイメージとも関係している。一般の日本人とは、「火」に対する感覚そのものが異なっているのである。

火獄に送られた人々は、その後の人生をこの地で過ごすわけであるが、日本仏教にみる地獄と異なり、獄吏が人々を責めるわけではない。火獄には町があり住居があり、人々は、その衣食住ともに過酷な環境のなかで生活をするわけである［文献⑩］。

一方、楽園は天の最上に位置するともされており、ジャンナ、フィルダウス、エデンなどと呼ばれる。預言者ムハンマドは、生前、一晩にしてメッカからイェルサレムに飛行し、さらにそこから昇天して、七つの天や火獄をめぐり、楽園にも赴いて神の前に至ったとされる。これがムスリムにとって非常に重要な「夜の旅」と「昇天」の奇跡である。

クルアーンにあらわれる楽園もまた非常に具体的な描写がなされており、

楽園の木陰が彼らの上に迫り、果実は摘みとれるように垂れている。彼らのあいだを、銀の水差しと水晶の酒杯が回される。（クルアーン第七六章第一四～一五節）

敬虔な者に約束されている楽園の中には、腐ることのない水の流れる河川、味のかわることのない乳の流れる河川、飲むものに甘い美酒の流れる河川、清らかな蜜の流れる河川などがあり、あらゆる種類の果物と主のお赦しが彼らに与えられる。（クルアーン第四七章第一五節）

至福の楽園で、寝台に相たいして坐り、泉から汲んだ美酒の杯が彼らのあいだをめぐる。それは、飲む者に甘く、真白である。それには頭痛もなく、酩酊するようなこともない。彼らのそばには、大きな瞳を伏し目がちにした乙女たちが控えている。（クルアーン第三七章第四三～四八節）

彼らの周囲を永遠の若者が行きかう。もし汝がこれらを見れば、ちりばめた真珠かと思うだろう。（クルアーン第七六章第一九節）

彼らは、緑の繻子《しゅす》と金襴《きんらん》の衣を纏い、銀の腕輪で装いをこらしている。（クルアーン第七六章第二一節）

といった、最高の快楽を予想させる言葉が連ねられている。

このような官能的な描写に対して、欧米のキリスト教徒はイスラームが快楽追求的であり退廃的であると批判したのであるが、そこには価値観の相違が存在する。イスラームでは、現世においても「快楽」を否定していない。

禁欲はときに優れた人格の証として尊ばれるが、イスラーム教徒各人に対して禁欲を強いることはない。一般的に言って宗教としてのイスラームは現世肯定的であり、食欲、性欲といった人間らしい欲望や欲求を、神に与えられた天賦のものとして肯定する。すなわち、人間本来の「欲」は神が創造したものなのであるから、そのものとして享受すべきと考えているのである。しかし、度を超した「欲」は社会や人間関係を破壊し、そのことによって神を否定するに至る。例えば、「酔い」は理性を失わせ、家族や友人に迷惑をかける。このため、それは過度の「欲」であるとして禁止されることになる。

これに対して、楽園に入ることを許された人々は、現世という試し期間によって、そのような過度の「欲」に陥ることがないことをすでに証明された人々である。このため、彼らには、必要充分な快楽を伴う永遠の人生が与えられるのである。

もっとも、後世の信者の間では、これらの描写を言葉通りのものとして受けとるべきか否か、解釈の違いが生まれた。このようなクルアーンの描写は精神的な状態を比喩的に描いたものという解釈もあらわれたのである。いずれにしても楽園がムスリムにとって最大の褒賞であることは間違いなく、ムスリムの生は、来世の楽園をめざして営まれるものであるといってよい。

三　現世における「生」

イスラーム教徒にとって個々人の生は、かりそめの現世のものでしかなく、死とさらにそのあとに待ち受ける最後の審判によって、最終的に来世へと移行するものと信じられている。このため、例えばオマル・ハイヤームの著名な『四行詩集（ルバーイーヤート）』などは、滅びと死へ向かう生の儚さを嘆く作品を数多く収録している。しかし、そういった態度はあくまで限定的なものであり、一般に、先に述べたようにイスラームは現世肯定的であり、また現世そのものを、神が人間のために創造した恩寵とみなし、家畜に代表されるように動物を含めて神から人間に与えられたものと考えるなど、人間中心的な現世観を維持している。

一方で、このような現世には、神によって定められた規範が存在するとされる。人間はその生において、神の意志に従うことで善行を積み重ね、神の意志に反することで罪を重ねることになる。

われらは言った、「みなここから落ちていけ。しかし、わしからの導きがおまえたちのもとに届いた暁には、わしの導きに従う者にはなんの恐れもなく、悲しむこともないぞ。信仰にそむき、われらのしるしを嘘ときめつける者どもは、業火の住人となって、そこに永遠にとどまらねばならぬ」（クルアーン第二章第三八～三九節）

これは、楽園追放に関わるクルアーンの一節であり、「われら」とは神の一人称である。ここでは、地上に対して「神の導き」が神の意志として提示されることを語っている。

この現世における絶対的な規範としての神の意志は、基本的に「神の啓示」として、神の選んだ預言者によって、それぞれの共同体に伝えられる。イスラームにおいては、ムハンマドだけでなく、アダム、ノア、ヨゼフ、アブラハム、モーゼ、ダビデ、ソロモン、イエスなど聖書世界に関わる人々の多くが、その共同体から神によって選ばれた預言者であると考えられている。神は、天使を通じて、これらの預言者に啓示を与え、預言者はその啓示を経典として人々に提示する。ユダヤ教徒にはモーゼを預言者として律法が、キリスト教徒にはイエスを預言者として福音が、そしてイスラーム教徒にはムハンマドを預言者としてクルアーンが啓示された。

例えばムハンマドに対しては、彼が四十歳の時、ヒラー山という丘の洞窟で突然に啓示が下された。彼は何か巨

図４－３　イマーム・モスク入口
（イラン，イスファハーン，サファヴィー朝時代）

大な影のようなものを目撃し、身体が押さえつけられるのを感じるとともに「読め」という命令の言葉を耳にしたのである。文字を解さなかったムハンマドは、「読めません」と抗弁したが、その命令は何度もくり返され、やがてその命令に屈すると、影は、すでに引用した「読め、「創造主なる汝の主の御名において。主は凝血から人間を造りたもうた」」という「凝血章」の一節を伝えたのであるとされている。

その後、預言者としての自覚を得て、イスラーム布教の活動を始めたムハンマドの許に、神はたびたび啓示を行い、それがクルアーンとして手近なものに書き留められ、彼の死後、現在の形に編纂されたのである。

このクルアーンには、終末の日の警告と悔悟の勧め、先行する預言者たちの物語などとともに、多くの日常生活の規範が含まれている。結婚や遺産分配のルール、子供の育て方、礼拝や巡礼など宗教生活を行う上での示唆などがそれであり、それぞれの信徒は、自分たちに与えられた啓示をもとにした規範に従うことで、神の意志に従うことができる。これによって来世における楽園への道が開かれるのである。個々人の心の問題だけではなく、共同体の社会的な規範として神への服従が説かれる点は、イスラームの大きな特徴である。

イスラーム信仰のなかでもっとも重視されるのは、イスラーム法（シャリーア）の遵守である。イスラーム法とは、クルアーン、ムハンマドの言行、共同体の合意、合理的類推という四つの法源に基づいて下される法的な判断であり、神の律法とそれに基づいた社会の成員に対する倫理的・社会的規範の集成である。イスラーム共同体に属する個々人はこのイスラーム法に従うことで、来世の楽園への切符を手にすることができる。

もともと神の規範は預言者ムハンマドを通じて、クルアーンという形で共同体に提示されていた。またムハンマドの生前は、様々な行動についてムハンマド自身の判断を仰ぐこともなされていた。もちろんムハンマド自身は単なる人間であって、その判断には間違いもあるが、彼が間違うと神がその判断の誤りをその都度修正したため、その修正のないものは神の啓示に準ずるものとみなすことができたのである。クルアーンそのものの分量は限定されており、日常の信仰と行動の規範についての細則は、事実上ムハンマドの判断によることになった。これをムハンマドの「慣行（スンナ）」と呼んでいる。

ムハンマド死後、人々は神の規範を判断する直接の手段を失ったため、クルアーンとスンナをその判断材料として、イスラーム法を生み出した。スンナは、ムハンマドを直接知る人々（教友）から口承で各地に広がっていったが、その口承（ハディース）を可能な限り数多く採集し、真偽を判断して体系的に編纂する作業が進み、イスラーム法を支える重要な柱となったのである。

一方、クルアーンとハディースはあくまで七世紀のメッカ社会、メディナ社会にもたらされたものであり、西アジア地中海世界に広がったイスラーム共同体の経験する全ての事象をカバーすることはできなかった。新たな状況に対処し、新たな事物に対応するためには、クルアーンとハディースを基盤として新たな判断を下すことが必要となったのである。これを行った人々が、イスラーム知識人（ウラマー）であり、特に法学者と呼ばれる人々であった。彼らは、このふたつを根拠に、自らの理性や各地の習慣を考慮に入れて、何が神の規範として正しいかについて意見を戦わせたのである。このような意見を構築する手段のひとつが「合理的類推（キヤース）」であり、クルアーンやハディースの内容から類推して判断を下す。例えば、クルアーンで禁止されている「葡萄で作った酒」から、類推によって「あらゆる酒」を禁止したのがこの手段の代表例である。

このような個々の法学者の判断は、それだけでは神の規範としての真正性が充分ではない。事実、学者間で意見が分かれることは現在でも頻繁にみられる状況である。しかし、ある特定の意見が、長い年月の間に浸透して全学者の一致した見解となった時、その見解はクルアーンやハディースに匹敵する強力な規範性をもつ。なぜならハディースの中に「我が共同体は誤りにおいて一致することはない」という言葉が残されているからである。この学者間の「合意（イジュマー）」がイスラーム法の第三の、そして極めて強力な法源となっているのである。

このように、クルアーンをはじめとするイスラーム法は、預言者を通じて、預言者が不在の社会においても神の規範を知る手段として生み出され、今なおイスラーム教徒の社会とその生活を規定している。イスラーム法で下された裁定に従うことによって、人々は何が神にとっての「善行」であり、何が「悪行」であるのかを正しく知ることが可能であると、されているのである。来世につながる試験期間としての現世において、この神の基準を知り、その基準に従って生活して「善行」を積むこと、そしてその結果として将来体験する「最後の審判」を乗り切り、来世の楽園において真の人生を満喫すること、これがイスラーム教徒にとっての究極の目的であるということができる。

このようなイスラーム法は、個人のみで実践できるものではない。「法」と呼ばれることからわかるように、それは社会で実施、実践されることを前提としている。イスラーム法は、刑法から民法までありとあらゆる法の範囲と関わっており、結局のところ社会単位、共同体単位で運営されるものである。またイスラーム法のうち信仰と儀礼に関する部分も、例えば断食月の作法や喜捨の実行、金曜集団礼拝や巡礼の実施など、社会ぐるみで実行する方が、個人単位で実行するよりもはるかに容易なものが多い。

すなわちイスラームは、社会においてイスラーム法が施行されることで、その成員であるイスラーム教徒がより容易に効率よく楽園に到達できるようになっている。個人による信仰の維持によって個人が楽園に行くのではなく、社会が共同体ぐるみで神の規範を維持し、その成員全員がみなで楽園に行く。これがイスラームという宗教の発想である。イスラーム教徒の現世における生は、個人ではなく集団としての生であるといってよい。これが、イスラーム教徒の様々な物の見方を理解するひとつの鍵であろう。

おわりに

現代のイスラーム社会は大きな矛盾に直面して苦悩している。それは世俗国家を志向する近代の国民国家と、共同体として集団ぐるみで成員の楽園入りをめざすイスラーム共同体のあり方の矛盾である。近代国民国家の基本単位は「個人」であり、宗教と分離した世俗法の施行である。これに対してイスラーム国家の基本単位は「集団」であり、楽園をめざすためのイスラーム法運営を志向する。近代的な世俗国家・国民国家を形成することは、その成員の楽園入りを困難にするのである。

現在、イスラーム国家の多くは近代法に基盤をおきつつ、イスラーム法の精神を組み込む形で両者の矛盾の解消を図っている。しかし、その多くの国家でイスラーム政党が伸張し、本格的なイスラーム法の導入が支持を集めているのも事実である。それは、一見政治的な問題にみえて、個々のイスラーム教徒の人生の問題、それも死後の人生の問題と関わっている。イスラーム共同体の社会的規律と行動基準そのものが、死後の来世との関わりで生み出されているのであり、この死生観そのものが、イスラーム教徒の行動基準と政治を動かしている。そして、それはまた国際社会を通じて、われわれ日本人の社会にも影響を及ぼしているのである。

参考文献

①青柳かおる『イスラームの世界観』明石書店、二〇〇五年
②大川玲子『聖典「クルアーン」の思想』講談社現代新書、二〇〇四年
③小杉泰『イスラームとは何か』講談社現代新書、一九九四年
④小杉泰『クルアーン――語りかけるイスラーム――』岩波書店、二〇〇九年
⑤塩尻和子・青柳かおる『面白いほどよくわかるイスラーム』日本文芸社、二〇〇七年
⑥清水芳見『アラブ・ムスリムの日常生活』講談社現代新書、一九九二年
⑦東長靖『イスラームのとらえ方』世界史リブレット、山川出版社、一九九六年
⑧藤本勝次・伴康哉・池田修訳『コーランⅠ・Ⅱ』中央公論新社、二〇〇二年
⑨牧野信也『創造と終末――コーラン的世界観の構造――』新泉社、一九七二年
⑩Lange. Christian. *Justice, Punishment and the Medieval Muslim Imagination*, Cambrige : Cambrige UP, 2008.

第Ⅱ部　具象化された生と死

太宰府市浦ノ田遺跡の一石五輪塔と板碑（移築復元）

5　描かれた死―アジアの美術

後小路雅弘
（アジア近現代美術史）

図 5－1　『生命の樹』
（1800 年前後，福岡アジア美術館所蔵）

はじめに

まず、一枚の絵に目を向けてみよう（図5－1）。小高い山の頂きに一本の巨木が立っている。枝には大輪の花が咲き乱れ、鳥や動物たちが樹木の周りに集まっている。空間は、花や葉によってびっしりと埋め尽くされ、雅やかな音楽でも聞こえてきそうな趣である。このいかにも「アジアらしい」風景は、どこを描いたものなのだろうか。

「一枚の絵」と書いたが、もう少し正確

に言うと、これはいわゆるインド更紗と呼ばれるものであり、木綿の布に模様を染める技法で、一八〇〇年前後に作られたものと考えられている。インド更紗と言うくらいだからメイド・イン・インディア＝インド製品に違いないと思っても不思議はないのだが、事はそう単純でもない。

一七世紀以降、強大な軍事力や海運力を背景に、アジアから物珍しい物産や工芸品が運び込まれたヨーロッパでは、東方趣味（オリエンタリズム）や中国趣味（シノワズリー）が流行した。英国東インド会社が運ぶインド産品の花形のひとつが更紗であった。だが、現実のインド更紗は、西欧の人びとのますます肥大化する異国趣味を十分には満足させることができなかった。そこで英国人が、インドも中国もごた混ぜにして作り出した幻想のアジア・イメージをデザインして、ヨーロッパのマーケットに向けて、インドで作らせたのがこの「インド更紗」である。そこには、ヨーロッパ的な趣味とインドの技術が混交し、ヨーロッパの人びとがアジアに投影した自らの欲望が透けて見える。ヨーロッパの人びとは、アジアを神秘的な場所として、生命を生み出す樹木が茂るある種の「楽園」としてイメージしたことを、この布は伝えてくれる。

だが、現実のアジアは、ヨーロッパの人びとの空想の中にあったような「神秘的な場所」でも「楽園」でもなかった。そこには、当然ながら、厳しく困難な生の現実を懸命に生きる人びとがいた。人びとは、生きることの困難の中で、死を想った。人間において、生きることと死ぬことは不可分の関係にある。生を探求すれば死に行きつかざるをえないのが人生の定めである。命あるものに等しく死は訪れる。生まれくる命は、必ず死を胚胎しているとも言えるだろう。

では、現実のアジアの人びとは、どのように「死」と向き合い、美術という表現メディアを用いて、それを描き出してきたのか。

しかし、そもそも「死」を描くとはどういうことなのか。具体的に何を描けば「死」を描けるのだろうか。日本をはじめ仏教文化圏では、伝統的に、死に際して阿弥陀如来《あみだにょらい》が迎えに来る様子を描いた「来迎図《らいごうず》」や、人が死後の四九日間に巡る地獄の様子を描いた「地獄絵図」などが「死」にまつわる絵画として描かれてきた。それは、生を反映した死後のありようを暗示する。死は、魂の死後の世界への旅として描かれる。

一方、「死」は、わたしたちの生きる物質的な現実の中では「死体」のかたちをとって現れる。しかし美術の中で死は、死後の世界への魂の旅として描かれ、「死体」のかたちで表されることは少ない。それでも、仏教絵画の中にも、死体そのものを即物的に描いた作品がないわけではない。「九相図《くそうず》」と呼ばれる絵画がそれで、これには、女性の死体が次第に腐敗していく様子が時間の経過とともに迫真的な描写で描かれる。死体はガスが溜まってふくれあがり、蛆《うじ》がわき、犬に食われ、最後は散乱する骨となり果てる。しかし、これは画家が死体に対する科学的な観察の結果を忠実に記録したものではない。少なくともその目的は、仏道《ぶつどう》修行を行うものに、美しい女性も、所詮は死んで醜く腐り、やがて骨となる存在であることを見せつけて、女性に対する欲望を抑えることにある。つまりそれは、宗教的な実践を目的としながら、同時に宗教的な世界観を示すものでもある。今日のわたしたちに、特定の宗教的枠組みを超えて、生のはかなさを訴えかけてくるものでもある。現代の人気画家松井冬子が「九相図」を題材に絵を描いていることは、宗教者の実践的な目的を超えた普遍性と今日的な魅力とを、このテーマが持っていることを示す一例であろう。

仏教絵画は、仏教の教えを具現化するためのものであるから、死もまた、その教えに沿って描かれ、その教えを逸脱することは基本的に許されない。だが、モダン・アートと言われる近現代の美術にあっては、宗教的な目的に沿って忠実に描かれる作品は限られ、そのほとんどは画家の内面的な欲求にしたがって生み出されるものである。

社会的な規範によるのではなく、作者の自由な精神が持つ創造性にしたがうことを目指してきた。したがって、近代以降の美術では、死がどのように描かれたかという問題を、単純にひとつの傾向に回収することはできず、それはむしろ個々の美術家の内面の問題とならざるをえない。

しかし、近代にあっても、時代と社会状況によっては、ひとつのイデオロギーが美術表現全体を規定してしまうことがある。社会主義リアリズムや、共産主義やファシズムのプロパガンダを目的とした絵画がそれである。なかでも、日本人にも身近なものとして、いわゆる「戦争画」がある。

一　おびただしい死――戦争の真実――

日常のなかで「死」が常に意識されるのが戦争の時代である。アジア太平洋戦争のさなか、軍部の要請によって多くの画家たちが動員され、戦争の場面を描いた。今日一般に「戦争画」と呼ばれ、制作当時には「作戦記録画」と呼ばれていたこれらの絵は、実際には記録目的というよりは戦意昂揚《せんいこうよう》や戦争を賛美するために制作されたものである。しかし、戦争の場面を描くのだから、「死」を描き出したかと言えばそうでもなく、むしろ全体として「死」は隠され避けられているように感じられる。そんな戦争画家のなかで、特異な存在感を示すのが藤田嗣治である。藤田嗣治は、一九二〇年代のパリで、独特の乳白色に面相筆《めんそうふで》で輪郭を描いた女性像で人気を博した画家で、一九三三年に帰国した後は、戦争の激化のなかで、戦争画の大作を多く描いた。その絵は、勇壮さや崇高さなど戦争の美学とは無縁であり、むしろ凄惨さや残虐性など戦争の負の側面を容赦なく描き出している。「死」に挑み、「死」を正面から描くことで、戦争の真実を描き出そうとしたかのような作品を残している。藤田の『アッツ島玉砕』（一九四三年　図5－2）や『サイパン島同胞臣節を完《まっと》うす』（一九四五年）は、今日の目からみると、戦意昂揚という

図5‐2　藤田嗣治『アッツ島玉砕』
（1943年，東京国立近代美術館所蔵（無期限貸与作品））

目的とは逆に、戦争の悲惨さや死にゆくものの哀しみを壮絶に描き出しているようにみえる。そこでは、戦争表現にありがちな英雄的な死ではなく、おびただしい無名の死が描かれている。その絵に向き合うわたしたちにも、戦争画＝戦争賛美のプロパガンダという図式にとらわれるのではなく、作品そのものに真摯に向き合うことの大切さを教えてくれる作品でもある。

なお、これらの戦争画の多くは、占領軍に接収されてアメリカに運ばれ、一九七〇年になって「無期限貸与」の形で東京国立近代美術館に収められた。その展示には、今日まで様々な制約があり、戦後七〇年に及ぶ歳月を経てなお「戦争画」問題は過去のできごととは言えない。

その同じ戦争を、日本軍に占領されたアジアの側から描いた例として、マレーシアのウォン・ホイチョンの『粛清』（一九九一年　図5‐3）を見てみよう。絵の主題は、日本軍占領下のマレーシアで、画家の父親が収容所に入れられた経験に基づいている。父親と同じ収容所に入れられた人びとのなかで、生還できたのは父親も含めわずかふた

図5-3　ウォン・ホイチョン『粛清』（1991年，福岡アジア美術館所蔵）

図5-4　ピカソ『ゲルニカ』（1937年，ソフィア王妃芸術センター所蔵）

りだったと言う。「抗日分子」を指さして告発する顔を隠した対日協力者、トーチカのなかには拷問され、処刑された人、そして戦火に追われ逃げまどう傷ついた人々が描かれる。通常の画布ではなく、粗い目の麻袋を貼り合わせたものに描かれており、素材の荒々しさや重厚さが、事件の性質をよく表している。ピカソの有名な『ゲルニカ』を参照し、構図やモティーフに共通性を持たせた作品である。『ゲルニカ』（図5－4）は一九三七年、スペイン内戦に際し、バスク地方の街ゲルニカをナチスが空爆したニュースを聞いたピカソが描いた大作である。

作者のウォン・ホイチョンによれば、この絵の制作動機は、日本軍の占領を直接非難することにあるのではなく、彼自身がマレーシア政府による大規模な文化人への弾圧を経験したことを直接的な契機としており、いつの時代でもどこの場所でも「粛清」は起こりえると考えて、日本軍による「粛清」をテーマにしたということである。『ゲルニカ』を参照した理由も、『粛清』を、ある特定の時代の出来事にのみ結びつけるのではなく、より普遍的なものとしたいということにある。

二　愛するものの死 ―― 花よ、人は死んだらどこへ行くのか ――

さて、今日、アジアの美術家たちは、どのように「死」を表現しているのだろうか。いくつかの例を見ていこう。

まず、タイの画家チャーチャーイ・プイピアの『花よ、人は死んだらどこへ行くのか』（一九九七年　図5－5）を見てみよう。

人間の身長をはるかに超える大画面に、巨大な人間の頭部だけが、赤く染まった地面にごろりと横たわっている。その目は、どこまでも虚ろにも見えるし、逆にどこまでも深く、永遠なるものを見ているようにも見える。頭

図5-5　チャーチャーイ・プイピア『花よ，人は死んだらどこへ行くのか』（1997年，福岡アジア美術館所蔵）

部には、小さな白い花が撒かれている。作者によれば、この絵は、作者が父親の死に立ち会ったときの実際の経験に基づいて描かれたものである。死の床にあった父親を看病したとき、その臨終のときの目が忘れられず、それを描いたのがこの作品である。頭部は作者自身とも言われる。

絵の中に撒かれた可憐な花はドク・ピープ（Dok Peep）という名の、タイでは葬儀に使われる花である。作者は、その花に問いかける。人は、死後どこへ行くのか、と。人は人生において、必ず愛する人との永遠の別れを経験しなければならない。そのとき人は、「人はなぜ生きるのか。そして死んだらどこへ行くのか」と問わずにはいられない。そう問い続けることが哀しみを癒すことに繋がる

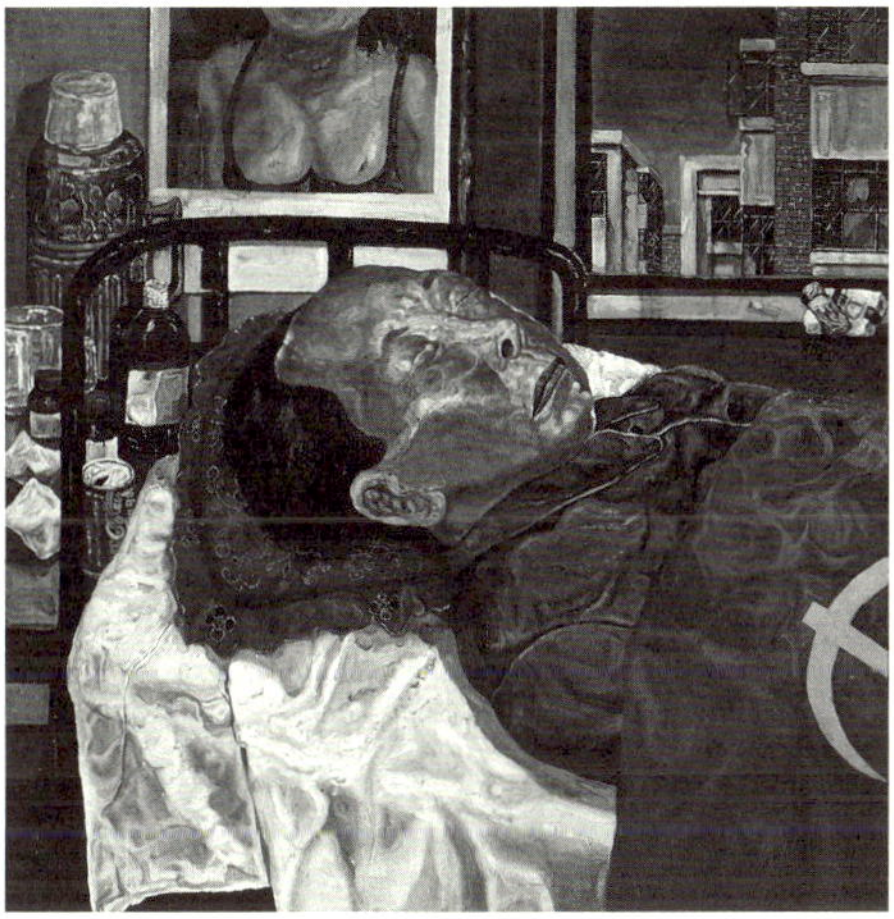

図5－6　劉煒『ベッドの毛』
（1992年，福岡アジア美術館所蔵）

からだ。その普遍的で根源的な問いをそのまま絵に描いた作品と言えよう。

三　英雄の死、無名の死――ベッドの毛――

次の絵は、躍進めざましい中国現代美術から、劉煒《リュウウェイ》の『ベッドの毛《マオ》』（一九九二年　図5－6）という作品である。

ひとりの男が、いままさに亡くなったところだろうか、ベッドに横たわっている。窓の外の風景から、男が横たわっているのが、庶民の住む公設アパートの上層階の一室であることがわかる。亡骸《なきがら》には中国共産党の党旗が掛けられている。枕元には、薬に混じってコーラの缶があり、壁にはセクシーな水着女性のピンナップが貼られ、窓際には外国煙草が置かれている。その相貌はどことなく中国共産党の毛沢東主席を思わせるし、党旗を掛けられた亡骸は、マスコミによって世界中に配信された告別式の毛主席の写真を連想させるものでもある。タイトルにあるように、国家的な英雄が無名の人民、ひとりの庶民である「マオさん」として死んでいく（あるいは、死んだ）姿で描かれているのである。そこには、作者のどんな思いが込められているのだろうか。

共産中国の建国以降、文化大革命を中心とした一九六〇年代から七〇年代の中国では、共産党のプロパガンダとしての美術しか制作されることが許されなかった。そこでは、毛沢東主席の姿は、人びとを圧するような大きな体躯で、時には巨人のように描かれており、その姿は、後光が差すように光り輝いていなければならなかった。毛主席は、農村に行けば農民たちの、工場では労働者たちの、満面の笑顔に囲まれ、自信に満ちたカリスマ的な指導者として描かれた。そのようにしか描かれなかったし、人民はそのような毛主席の絵しか見ることができなかった。

作者は、幼少年期を、そのような時代のなかで過ごした。その偉大な指導者たる毛主席を、ひとりの庶民として、それも毛主席自身と文化大革命が徹底的に否定し尽くしたアメリカ製品に囲まれて死んでいくひとりの人間として描いたのである。そこには、彼自身が生きてきた時代への厳しい皮肉もあるが、同時に、作者の毛沢東主席への愛憎相半ばする思いが込められているようにも見える。

四　社会への関心——態度としてのリアリズムの台頭——

一九九〇年代を通して、アジアのアート・シーンには、社会的、政治的なテーマを持つ作品が目に見えて増加した。一方、そのような社会的な関心とまではいかなくても、身辺的な事物や身近な現実に対する関心を反映した作品も目立つようになってきた。その背景には、東西の冷戦構造の崩壊による民主化の波がアジア各地に押し寄せ、政治体制の転換や経済政策の変化が起こったことに加え、経済成長による日常的な生活の変化や、それにともなって進展する環境問題や都市問題が深刻化し、他方、伝統的な共同体における生活規範や価値観が生活環境の変化によって崩壊の危機にさらされ、さらには情報化社会の進展も加速度的に進むなど、アジアに生きる人々の日常生活

図5－7　尹錫男『族譜』
（1993年，福岡アジア美術館所蔵）

図5－8　タン・ダウ『彼らは犀を密猟し，角を切ってこのドリンクを作った』
（1991年，福岡市美術館での展示，藤本健八撮影）

から社会構造全体までが、激しい変化の時を迎えたことがあった。そうした世界史的な転回点を回って激変する社会的現実のまっただなかで、アジアのアーティストたちは、その現実の変化を見つめ、身をさらし、それに応答して社会的なメッセージを、鋭く発していくことになったのである。そうした現実への社会的な関心を反映した九〇年代アジアの作品群を、筆者は「態度としてのリアリズム」と呼んだことがあるが［文献⑥］、上述したウォン・ホイチョンや劉煒の作品は、その優れた例と言えるものである。

こうした「態度としてのリアリズム」は、多くのアジアの国で広く見られた傾向である。韓国における家制度のもとで疎外される女性の苦しみを表現した現代韓国を代表する女性アーティスト尹錫男《ユンソンナム》の『族譜』（一九九三年　図5-7）や、角を失った犀《さい》の死体の周りにたくさんの強壮剤を配したシンガポールのタン・ダウのインスタレーション作品『彼らは犀を密猟し、角を切ってこのドリンクを作った』（一九九一年　図5-8）は、女性の死や動物の死をテーマにした作品で、フェミニズム思想や環境破壊の問題などを反映する点で、九〇年代アジアに台頭した新たなリアリズムを代表する作品となっている。

ふたりの作品は、それまでの絵画的な枠組みを超える作品の形式を持っていることも注目される。日用品を作品の素材として用いることや会場の場所に合わせて仮説的に構成するインスタレーションと呼ばれる技法も、こうした新しいリアリズムを特徴づけるものである。

おわりに

一九九〇年代を中心に、アジアの現代美術の代表的な作例を通して、アジアの美術家たちがどのように「死」を描いてきたかを見てきた。「死」を描くことは、同時にその「生」を描くことに他ならない。そしてその「生」は、その作品が作られた時代や社会を映し出すものでもある。アジアの激変する社会状況のなかで、その「生」と向き合い、それを「死」のかたちで表現した美術家たちの「生」の痕跡をそこで確かめることができるだろう。
なお、取り上げた作品は、可能な限り、福岡アジア美術館の所蔵品から選んだ。授業で、そしてこの教科書で、アジアの現代美術に触れた人びとが、福岡で実際に作品を見ることができるようにと考えたからである。写真図版を通して美術作品を見るということは、あくまで副次的で、擬似的な体験である。実際に、美術館に出かけ、実物と出会うことで、本章のより深い理解に到ることを願っている。

参考文献

①『アジア・コレクション50　福岡アジア美術館所蔵品選』福岡アジア美術館、二〇〇〇年
②『アジアの美術　福岡アジア美術館のコレクションとその活動』（改訂増補版）美術出版社、二〇〇一年
③加須屋誠『生老病死の図像学：仏教説話画を読む』筑摩選書、二〇一二年
④菊畑茂久馬『フジタよ眠れ ―― 絵描きと戦争 ――』葦書房、一九七八年
⑤椹木野衣・蔵屋美香・河田明久・平瀬礼太『戦争と美術一九三七―一九四五』国書刊行会、二〇〇八年
⑥『第四回アジア美術展』（図録）福岡市美術館、一九九四年
⑦『美術フォーラム21　特集：アジア美術的〈近代〉』第21号、醍醐書房、二〇一〇年
⑧山本聡美・西山美香『九相図資料集成 ―― 死体の美術と文学 ――』岩田書院、二〇〇九年

6　ルネサンス絵画にみるキリスト教の死生観
――聖人崇敬との関わりから――

京谷啓徳
（西洋美術史）

はじめに

「キリスト教徒は二度死ぬ」

というと、何やら映画のタイトルのようだが、まずこのことからはじめよう。

病気や事故、自然災害と様々の理由で、第一の死がすべての人間に訪れる。そしてキリスト教の教義では、肉体を墓地に葬られた死者の魂は、最後の審判を待つことになる（この間、魂がどこにいるのかについては後述）。そして、いずれ世界の終わりが来る。その日、再臨したキリストによって、いわゆる最後の審判が行われる。この時、死者の魂は肉体を伴っていったん蘇る。そして審判者キリストの裁きの結果、永遠の生を与えられ天国に迎え入れられる者と、第二の死、すなわち永遠の死を宣告され、地獄に落とされる者とに分かたれるのだ。

本章では、かつてキリスト教徒たちが、この二度の死をめぐって何を思い、どのように行動し、そしてその際に聖人と呼ばれる存在がいかなる役割を果たしたのかについて、主にルネサンス期の絵画を通して考えてみたい。

一　病気と聖人崇敬

一度目の肉体の死は誰にでも訪れる。だが必ず死ななくてはならないのは確かであるとしても、人はその死をできるだけ先送りすることを願うものだ。

人の死の原因となるものは様々だが、かつてキリスト教徒たちが、とりわけ「神頼み」によって回避しようとしたのは、病気による死であった。医術は存在していたとはいえ、それと同様、あるいはそれ以上に人々があてにしたのが、神や聖人の加護による奇跡的な病気の治癒だった。病気治癒に関して絶大な力を有していると考えられたのは、当然のことながら神である。しかし、あらゆる願いを神一人に願うのも申し訳ないということか、あるいはあまりに多くの人々の願いは神一人ではさばき切れないと考えられたのか、キリスト教徒たちは病気平癒を聖人に対しても願った。

聖人とは、キリスト教という宗教に功績のあった聖なる人物である。布教のために殉教した人などが教会の認定を受けて聖人となったが、キリスト教世界では中世以来、この聖人たちが熱烈な崇敬を受けた（ちなみに「崇拝adoratio」の対象は神のみであり、聖人は「崇敬 veneratio」される）。聖人崇敬がたいへんな高まりを見せた理由の一つは、それにより現世利益が期待されることであった。聖人は特定の職業、特定の都市などを守る守護聖人となったが、各種病気にもそれぞれの守護聖人がいた。聖人たちは個別の病気に対する特効薬のような存在でもあったのだ。

聖人は様々な拷問を経て殉教したことが多かったことから、例えば目をえぐり取られた聖ルチアは眼病の守護聖人、歯を抜かれた聖アポロニアは虫歯の守護聖人となった。それらの聖人が絵画に表される場合、通常、それが誰

図6－1　フランチェスコ・デル・コッサ《聖ルチア》
（ワシントン，ナショナル・ギャラリー）

であるかを示す持物（アトリビュート）として、拷問で失われた体の部分を手に持って表現される。たとえば聖ルチアが自らの眼球を手にするイメージはなかなか不気味なものである。しかし眼病を患う者からすれば、それは聖人が治してくれる患部の目印としても機能したことだろう（図6－1）。眼科クリニックの看板に目玉が描かれているようなものだ。人々は病気毎に、効力のある聖人を調べ、その聖人に祈りの言葉を唱え、その画像に頭を下げ、あるいはその聖人の聖遺物のある教会を訪れた。

ただしかし、人の死ということに関して、そういった諸々の病気とは桁違いの危機をもたらす病気が存在した。黒死病、すなわちペストである。度々大流行した伝染性のこの病気は、大量の死者を出し、場合によっては共同体崩壊の危機さえ伴った。そして、かつてこの病は神の人間に対する怒りの表れと考えられた。そのため、しばしば

図6-3　ベノッツォ・ゴッツォリ
《聖セバスティアヌス》
(サン・ジミニャーノ,
サンタゴスティーノ教会)

図6-2
アンドレア・マンテーニャ
《聖セバスティアヌス》
(ヴェネツィア,
フランケッティ美術館)

都市や国家がその終息を祈願し、教会堂が奉献され、祭壇画が奉納された。

ペストの収束に関して力があると考えられた聖人は、聖セバスティアヌスや聖ロクス、聖アントニウスらであった。聖ロクスがペストの守護聖人となったのは、生前彼が実際に伝染病患者の看護を行ったからだ。聖ロクスはそれによって自らもペストに感染した。聖ロクス像では、その太ももの内側に、この病気の兆候である潰瘍性の傷が描かれる。

対して聖セバスティアヌスは、直接この病と関わりを持ったというわけではない。聖セバスティアヌスは、古代末期に、信仰ゆえに矢で射られて殉教した聖人だ。よって通常この聖人は、むごたらしくも体中に矢が突き刺さった姿で描かれる（図6－2）。一方、突然の死をもたらす伝染病は、古来怒れる神が罰として人間に与えるものと考えられたため、天から降り注ぐ矢として象徴的に表された。このことから、セバスティアヌスはこの疫病の守護聖人として、神の怒りの矢を人間の身代わりとなって受けてくれると、ある意味都合よく解釈されたのだ。このようにペストの守護聖人聖セバスティアヌスは、人々の宗教的な想像力が作り出したものといえる。そしてその過程において、全身に矢を受けるセバスティアヌスという、広く流布していたこの聖人のイメージが大きな役割を果たした。

図6－4　ピエロ・デッラ・フランチェスカ《慈悲の聖母》（サン・セポルクロ，市立美術館）

図6-3はペスト流行の収束を祈願して一四六四年に、中部イタリアの町サン・ジミニャーノの教会に描かれた聖セバスティアヌス像である。天上から怒れる神が、ペストの矢を地上に向けて投げつけている。聖セバスティアヌスのマントの内側には、サン・ジミニャーノ市民たちが集い、跪いて聖人に祈りを捧げている。聖人のマントは神の怒りの矢を防御する強力な覆いとなり、矢を跳ね除けている。矢の中には折れてしまったものも見受けられる。これは通常の聖セバスティアヌス像とは異なるものであることに気づかされるが、実は、《慈悲の聖母》という他のキリスト教図像が聖セバスティアヌス像と合成されているのだ。

《慈悲（ミゼリコルディア）の聖母》は、聖母が広げたマントの下で人々を庇護するという図像である（図6-4）。この図像自体、ペストが流行した時代には、この疫病から人々を守り、その収束の願いを神にとりなす聖母という意味を担わされることがあった。サン・ジミニャーノの作例においては、《慈悲の聖母》と通常の聖セバスティアヌス像を合成することによって、人々の期待する、ペストに対する守護聖人としてのセバスティアヌスの役割が強調されている。そして、そこに付された銘文がその意図に念を押している。セバスティアヌスの立つ台座に刻まれた銘文には、「聖セバスティアヌス様は敬虔なる民のためにとりなしてくださる」と書かれているのだ。

疫病収束を願う人々は、このように教会の壁画や祭壇画の形で描かれた聖人像に祈りを捧げるのみならず、旗絵のように持ち運び可能な聖人像を掲げながら行列を行うこともあった。またその町に古くから伝わり、霊験あらたかとされるイコン（聖画像）が教会から持ち出されることもあった。たとえばローマでは、そのような際、サンタ・マリア・マッジョーレ教会に保存される六世紀の聖母のイコン（通称《ローマ市民の救い》）を奉じて、人々が行列をしたことが知られる。

さらに、ペストの収束を願って、巨額の出費を伴う教会堂そのものが奉納される場合もあった。著名な例としては、ヴェネツィアに建設されたレデントーレ（贖《あがな》い主《ぬし》）教会やサンタ・マリア・デッラ・サルーテ（健康の聖母マリア）教会が挙げられる。前者は一五七五年、後者は一六三〇年のペスト流行に際して、ヴェネツィア共和国によって建設が決議された。サルーテ教会の祭壇の上には、ペストの擬人像を追い払う聖母マリアの姿を表した彫刻が設置され、献堂の由来を伝えている。献堂の効果は抜群で、願い通りペストは収まったが、教会堂建築には長い年月がかかる故、その間にペストが自ずと収束したといえるのかもしれない。

さて病気治癒を願って聖人に祈りを捧げる場合、対象となるのは絵に描かれた聖人像であることが一般的だったが、より効果があると考えられたのは、その聖人の聖遺物に祈りを捧げることだった。聖遺物とは、遺骨に代表される、聖人がこの世に残したものであり、これもおおいに崇敬された。聖遺物には特殊な力（ウィルトゥス）があるとされたからである。遺骨や髪の毛、歯、爪といった生前の聖人の体の一部に加えて、衣、履物等、生前聖人の肉体が接触したものも聖遺物と見なされたが、それは、聖人の持つ特殊な力は彼が触れたものにも移されると考えられたからだ。

先に紹介した、特定の病気の特効薬のような聖人の聖遺物を所有する教会には、その病に苦しむ信者が訪れ、快癒を願って聖遺物に祈りを捧げた。また個別の病気に対応しているというわけではなくとも、人々は高名な聖人の聖遺物の持つ奇跡的な力を信じて、聖遺物の恩恵に与るべく教会を訪れた。

聖人の棺は柱の上の高所に設置されることがあったが、それはその下を病人が通過し、聖遺物の力をシャワーのように浴びることで病気が治癒することが期待されたためである。ジェンティーレ・ダ・ファブリアーノの描いた場面はまさにその様子を示している（図6－5）。画面左手前には、萎えた足が癒えて、必要がなくなった松葉杖を手に持つ人物が描かれている。

図6-5　ジェンティーレ・ダ・ファブリアーノ《バーリの聖ニコラウスの墓への巡礼》（ワシントン，ナショナル・ギャラリー）

ただし、いかに高名な聖人のものであれ、聖遺物自体は粗末な骨のかけらに過ぎない。「どこの馬の骨」という言葉もある通り、それ自体では誰の骨かもわからないような骨片に聖遺物としての権威を付与するため、聖遺物は贅を凝らした容器に納められることが多かった。金や銀といった高価な素材で作られた聖遺物容器は、宝石や彫刻で飾られ、技術の粋を尽くした工芸品であった。まさに美術が聖遺物の真正さを保証していたのである。また、聖遺物が納められた礼拝堂の壁画や祭壇画には、その聖人が聖遺物になった由来、すなわち殉教の場面が描かれることも多く、これまた聖遺物の演出にあたった。

さて、人が命の危機に瀕するのは何も病気だけではない。自動車の発達した現代ほどではないとはいえ、交通事故もしばしば起こった。一六世紀、教皇庁で働いていたフェードラ・インギラーミは、ローマのコロッセオ近くで牛の引く荷車に

図6－6　作者不詳《フェードラ・インギラーミの奉納画》
（ローマ，サン・ジョヴァンニ・イン・ラテラノ教会）

轢かれたが、危うく九死に一生を得た。それを神の加護によるものと考えた彼が、サン・ジョヴァンニ・イン・ラテラノ教会に奉納した板絵が残されている（図6－6）。事故現場の様子が描かれていることがわかるが、上下に分かれたラテン語の銘文が、この絵が奉納された状況を説明している。上の銘文には「救世主イエス・キリストによって」と記され、下の銘文は「フェードラは危難を逃れた」とある。実際、画面右上にイエス・キリストが顕現しており、傍らの聖ペテロがインギラーミを指差し、キリストに救済を促している。現在でも各地の教会に残されるこのような奉納画は、その銘文とあいまって、往時の人々が命の危機に直面した際の宗教の役割を私たちに教えてくれる。

かつてキリスト教徒たちは、様々な形で身に降りかかる第一の死の危機を回避するために、神や聖人に祈りを捧げ、その際に絵画や彫刻が有効に機能していた。近代以前の絵画や彫刻はこのように、美術館で鑑賞するための「芸術作品」ではなく、人々の信仰生活の中で用いられた道具であったことを忘れてはならない。

二　最後の審判と聖人崇敬

第二の死については、システムが少々複雑だ。冒頭に述べたように、人は一度目の死の後、墓地に埋葬されるが、キリスト教の教義では、この世の終わりの到来にあたって、死者の魂は肉体を伴って蘇る。そして再臨した審判者イエス・キリストにより、永遠の生を得て天国に迎えられるか、地獄で永劫の死の苦しみを受けるかのいずれかの裁きが下されるのだ。

一六世紀、ヴァチカンのシスティーナ礼拝堂にミケランジェロが制作した有名な壁画《最後の審判》は、まさにこの世の終わりにおけるキリストによる審判を表している（図６‐７）。画面の左下では死者たちが蘇っている。中央では古代神のような堂々とした肉体のキリストが審判の最中である。画面右下が地獄で、恐れの表情をあらわにした者たちが地獄に落とされている。天使によって上方に導かれているのは、天国に迎え入れられる人たちだ。

もう一例、ルーカ・シニョレッリによる壁画を見てみよう。これは中部イタリア、オルヴィエートの大聖堂にある礼拝堂の壁面すべてを使って最後の審判の様子を描いたもので、とりわけ筋骨隆々たるリアルな裸体表現は、半世紀ほど後のミケランジェロにも影響を与えたことが知られる。死者が蘇る場面では、既に肉をまとった者、いまだ骸骨のままの者と、いろいろな姿があって面白い（図６‐８）。また地獄に落とされる人々が悪魔に苛まれるところを描いた場面からは、当時の人々がいかに強烈な恐怖を与えられたかを想像することができる（図６‐９）。

このような絵が、人々の脳裏に最後の審判のイメージを焼きつけるのに役立った。とりわけ恐ろしい地獄の責め苦を描いた場面は、善男善女を震撼させたことだろう。教会はこのような絵を示すことによって、最後の審判の際

図6-7　ミケランジェロ《最後の審判》
（ヴァチカン，システィーナ礼拝堂）

に天国に迎えられるような生活を送るようにと、なかば脅しつつ信者を教育したのだ。

ところで、一度目の死の際に、ただちに天国あるいは地獄へ送られる者もいないわけではない。一生のうちまったく過ちを犯さなかった人であれば、その魂はすぐに天国に迎えられる。また大罪を犯したような死者の魂は即地獄行きである。しかし、大方の死者は生前、直接地獄送りになるような大罪は犯していなくとも、ただちに天国に迎えられるほど些かの傷もない一生を過ごしたというわけでもなかったろう。

肉体は墓地にあるとして、そのような多くの死者の「魂」が最後の審判までの間どこにいるのかという信

図6-8　ルーカ・シニョレッリ《蘇る死者》
（オルヴィエート，大聖堂，サン・ブリツィオ礼拝堂）

図6-9　ルーカ・シニョレッリ《地獄》
（オルヴィエート，大聖堂，サン・ブリツィオ礼拝堂）

者の疑問に応える形で生み出された場所があった。「煉獄《れんごく》」（プルガトリウム）である。聖アウグスティヌスや聖グレゴリウスらによって論じられ、ダンテの『神曲』でうたわれた煉獄は、最後の審判の時が来るまで、死者たちが生前の罪を清める場所だ。死者の魂は、ここで浄罪を行いつつ、最後の審判の時を待つ。煉獄ではたいへんな苦痛を受けなければならないが、ここで罪の贖いが済めば、最後の審判の際に天国に迎えられる可能性も生じた。煉獄での贖いが足りなければ、地獄に落とされることにもなる。

煉獄での浄罪には気の遠くなるような長い時間が設定されていたが、それはいくつかの方法によって短縮することが可能であった。一つは、死後、残された者が死者のために神に祈りを捧げることだ（死者のためのミサ、いわゆる「レクイエム」）。それに加えて、生前の聖遺物崇敬が役に立った。生前に聖遺物を祈りのまなざしで眺めておくならば、その祈りに応じた贖宥《しょくゆう》が与えられるとされたのだ。贖宥とは、罪の赦しに伴う贖いの免除を意味するが、具体的には、煉獄での浄罪の時間の短縮という形で信者に与えられた。キリスト教世界ではかつて巡礼がさかんに行われたが、その目的の一つがこの贖宥にあった。人々は巡礼の旅の道すがら、修道院や教会を訪れ、それぞれが有する聖遺物に祈りを捧げた。当然、煉獄における浄罪の時間はたいへんに長いものだったので、聖遺物崇敬のみで帳消しにできるものではまずなかった。しかし何もしないよりはと、多くのキリスト教徒が巡礼に出かけたのだ。その際に信者が目にした、いかにも豪華な聖遺物容器は、そこに納められた聖遺物の御利益を彼らに確信させたことだろう。

周知の通り一六世紀初頭にいたると、より安易に贖宥を獲得する手段として、免罪符（贖宥状）が発行された。免罪符を購入しさえすれば、贖宥が与えられるというのだ。とりわけ教皇レオ一〇世の乱発した免罪符は、ローマの教皇宮廷に莫大な富をもたらすとともに、北方の国々では反感を買い、ルターによる宗教改革の理由の一つとなった。しかし、現在の私たちから見ると荒唐無稽にしか思われないこの免罪符が飛ぶように売れたことは事実であり、それはつまり、多くの人々にとってこの問題が依然として切実なものであったことの証なのである。

絵画に話を戻そう。一五世紀にフランスで制作された『ロアンの時禱書』の挿絵では、死者が神と言葉を交わしている（図6－10）。死者は「まことの神よ、主よ、御手に私の霊をゆだねます。私の罪を贖ってください」と神に哀願し、対する神は「お前の罪を贖え。審判の日、私はお前とともにあろう」と答えている。この「お前の罪を贖え」というのは、最後の審判の日が訪れるまで、煉獄で自らの罪を贖えということだ。そして最後の審判の日には、その贖い次第で審判を行うというのである。この挿絵における死者と神の対話は、煉獄の存在を念頭に置くと理解しやすい。

ところで、この挿絵では、各々のセリフは漫画の吹き出しのような細長い帯状の紙片に書かれているが、興味深いことに、神は当時のフランス語を、死者はラテン語を話している。これでは話す言葉が逆ではないかとも思われるかもしれないが、格調高いラテン語でなくては神は哀願の言葉に耳を傾けてくれないのではないかという、人間の側の謙虚な、あるいは必死の思いがこうさせたものであろう。それに対して、神は死者にも理解できるよう、俗語で話しかけてくれる。死の恐怖に恒常的にさらされていた当時の人々の感情が伝わってくるかのようだ。

ラテン語で直接神に願いを伝えようとした『ロアンの時禱書』の死者はともかく、民衆が、神にじかに最後の審判の時の情状酌量をお願いするのは畏れ多い、あるいは人間の直接的な望みは神に聞き入れられないのではないかという気持ちを持ったであろうことは、容易に想像ができる。そのために活躍したのが、先にも登場した聖人たちである。既に述べた聖遺物崇敬による贖宥という御利益に加えて、生前聖人たちに祈りを捧げておくならば、彼らは最後の審判にあって、死者の救済を審判者キリストにとりなしてくれるものと考えられた。《最後の審判》図を

図6－10　ロアンの画家《神の御前の死者》
(『ロアンの時禱書』fol.159r　パリ，国立図書館)

図6－11　コスメ・トゥーラ《聖母子》
（ヴェネツィア，アカデミア美術館）

見ると、中央の審判者キリストの周囲には様々の聖人たちが集っている。このいかにも頼もしげに見える聖人たちが自分のことをとりなしてくれるに違いない。描かれた聖人を眺める人々の胸中にはそのような期待が高まったことだろう。

最後の審判の際のとりなしに関して、キリスト教徒たちは、自分と同じ名前の守護聖人や一族の守護聖人たちに祈ることもあれば、できるだけ力のありそうな聖人に祈りを捧げることもあった。その意味において、あらゆる聖人たちの中でもっとも偉大なとりなしの力があると考えられたのは聖母マリアである。それは、さすがのイエス・キリストも自分の母親の願いだけは聞き入れるのではないかという素朴な想像力による。《最後の審判》においてキリストの傍らに描かれた聖母マリアの姿には、信者のそのような願いが込められている。

最後に、コスメ・トゥーラの描いた一点の聖母子像を紹介しておこう。この板絵は、銘文に趣向を凝らすことによって聖母マリアにとりなしを頼んでいる（図6－11）。幼子イエスがマリアに抱かれて眠っているが、画面下部の銘文には「慈悲深いマリアよ、あなたの息子を起こしてくださいませ。私たちの最後の日に彼が私たちを救済してくださるように」とある。いずれ最後の審判の時、キリストが眠ったままでは信者の救済がおぼつかないので、母親としてわが子の眠りを覚ましてくださいと聖母に頼んでいるわけだが、何とも気の早い話である。

以上に紹介したように、聖人の存在は、キリスト教徒たちの「最後の審判対策」として二つの役割を果たした。生前、できるだけ多くの聖人（＝聖遺物）に祈りを捧げておくことにより、死後、最後の審判の到来まで多くのキリスト教徒の魂が耐えねばならない煉獄での浄罪の苦しみが、幾分なりと軽減されることが期待された。そしていよいよ最後の審判に臨む時には、生前さんざんに祈りを捧げておいた聖人が、自分が天国に迎え入れられることをキリストにとりなしてくれるはずだ。

この二つの御利益を期待して、キリスト教徒たちは熱烈なる聖人崇敬にいそしむのだった。教会で日常的に目にする絵画や彫刻は、人々をそのように教育し、同時に祈りの対象にもなった。

おわりに

現代よりも死が身近であった時代、人々は切実に死と向かい合った。とりわけキリスト教徒たちは二度の死を見据え、一度目の死をできるだけ先送りするべく、そして二度目の永遠の死を回避し、天国で永遠の生を享受できることを願って、信仰生活を送った。そこにおいて、聖人や彼らがこの世に残した聖遺物が重要な役割を果たし、絵画や彫刻といった美術がそれを支えた。それらのイメージや付された銘文は、当時の人々の死に対する考え方を私たちに教えてくれる。そのあり方を、他の宗教美術と比較検討してみる作業も面白いことだろう。

参考文献

①青山吉信『聖遺物の世界』山川出版社、一九九九年
②秋山聰『聖遺物崇敬の心性史』講談社、二〇〇九年
③ドナルド・アットウォーター、キャサリン・レイチェル・ジョン、山岡健訳『聖人事典』三交社、一九九八年
④小池寿子『死を見つめる美術史』ポーラ文化研究所、一九九九年
⑤ジャック・ル・ゴフ、渡辺香根夫・内田洋訳『煉獄の誕生』法政大学出版局、一九八八年

7　墓地と社会関係

辻田淳一郎
（考古学）

はじめに

「墓地と社会関係」という問題を考えるにあたり、具体的なイメージを思い描くことから始めたい。まずはじめに、墓地の具体例として、現代の、郊外に造営された「霊園」などを思い浮かべていただきたい。そこには「○○家之墓」などと書かれた、様々な種類の「墓石」が建ち並び、全体として広大な「墓域」が形成されている。もしそこに私たちの親類縁者の墓がある場合、私たちはその広大な墓地の中を歩き、当該の墓に詣でる。その際、その墓を詣でたことによって、その墓に埋葬された人（被葬者）と私たち個人、あるいはその墓の背後にある「家」や「祖先」との間に存在する何らかの関係が確認される。もちろんこうした直接の近親者の墓でなくとも、例えば私たち自身と直接のつながりがない歴史上の人物の墓にお参りをする、ということもあり得る。その場合も、そうした人々の墓が現代に至るまでどのように保存されてきたのか、またその墓地に詣でるということが、現代においてはどのような機会として可能であるのか（例：墓所自体が著名であり一般的に市民になじみがある、など）といった点で、その墓地を媒介として、現代社会に生きる私たち自身とそうした人々との間が結びつけられることになる。そのような意味で、墓地は、死者と生者を媒介する役割を持っているということができよう。

ここでもう一度、冒頭の「霊園」の光景を思い浮かべていただきたい。今「墓地は死者と生者を媒介する」と述べたが、そこに埋葬された人々の墓を造るにあたって、その墓地が選択されたのは、その土地に何らかの縁があるからであろうか。現代の霊園であれば、そこに埋葬された人々同士の間には直接の面識や関係などがない場合が多いかもしれない。他方、こうした霊園などに限らず、地域や宗教的な背景（例：檀家や宗派など）によっては、相互に密接な関係にある人々が同じ墓地に埋葬される場合もあるであろう。

今述べたことは、現代日本における墓地の形成と社会関係といった問題に関わるものであるが、この問題は現代日本に限らず、世界各地の諸文化、あるいは古く遡った過去の時代においても様々な形で問うことができる問題である。それはいうまでもなく、時代や地域・文化が違っていても、人類にとっては「死」が普遍的なものであるからである。この点において、「墓地と社会関係」という問いは、時代や文化を横断した、いわば一般性と特殊性の双方において考えるべき問題として浮かび上がってくる。本章は、以上のような視点から、墓地と社会関係との間にどのような関係があるかについて考えるものである。

一　個人の死と墓地

ここであらためて、人類史において墓地が持つ普遍的な性格について考えてみたい。墓地は、人によってなされる、人の死の記録である。それは生者による死者の記憶の物的な表現でもある。生前にその被葬者がどのような人であったのか、墓を造る生者とはどのような関係にあったのかなど、墓地には様々な社会的メッセージが込められ、発信される。上述のように、そこには、被葬者の生前の社会関係や、被葬者と生者との社会関係などが含まれている。また埋葬が行われて一定の時間が経過した後も、「墓参り」など墓前での儀礼が行われ、死者の記憶を媒介として生者と死者の関係、そして生者の社会関係が確認される。墓地はその意味で、生者と死者との関係を接続しつつ、生者が新たな社会関係を構築する場としても存在しているといえよう。

その一方で、被葬者個人についての記憶は、世代交代の進行につれて少しずつ失われる。例えば、もし墓碑などに被葬者の個人情報や墓碑の建立年月が詳細に刻み込まれるようなことが行われていない場合は、時代が移り変わると、いつ頃の、誰の墓であるのかはわからなくなる。そこに残されるのは、ある時代に営まれた無数の人々の埋葬の痕跡としての墓地のみということになる。では、被葬者およびその同時代に生きた人がいなくなった後の時代において、死の痕跡としての墓地から、当時の被葬者をめぐる社会関係やその時代背景などを読み取ることは可能であろうか？　例えば先にみたような現代の霊園について、そこに埋葬された人々の社会的位置づけやその背景などを墓地そのものから理解することは可能であろうか？　筆者は考古学を専門としているが、ここでみてきたような問題は、実際のところ、墓地「遺跡」を研究対象とする考古学や、歴史学・人類学をはじめとする様々な学問分野が取り組むことが多い課題でもある。以下、この問題について、具体例を挙げながら検討したい。

二　「死」の考古学

人は死後、様々な儀礼的な過程を経て墓地に埋葬される。先述のように、生物学的な死という意味での人の死は普遍的なものであるが、埋葬行為の手順や埋葬方法、死に対する文化的態度は、非常に多様であり、その点で、死を文化の中で相対化することの意義が見出される［文献①］。またそれは時代によっても変化するものであり、通時的変遷を広く検討することもまた大きな課題といえる［文献③・④・⑤］。

考古学では、遺跡に残された人間の様々な行為の物質的な痕跡を研究の対象としている。例えば数百年前の墓地の遺跡で、被葬者の名前が書かれた墓石や銘文などが存在しない状況を思い浮かべていただきたい。墓地とそこに残された様々な物質文化には、当時の社会や文化を考える上で重要な情報が残されている。他方で、人の死に伴って行われた儀礼行為などのうち、恒久的にその場に痕跡を残さないもの（歌や祈りといった人々の所作も含む）、またはその場に残されたとしても後世まで遺存しなかったもの（例：有機質の物質で製作された儀器）など、殊に文化的・象徴的意味に関わる側面については検討することが困難であることから、様々な民族誌的情報にもとづく類推が有益である［文献①・⑨・⑪・⑫］。逆に断片的ながら考古学的に検討可能な資料として存在するのが、墓地そのものやそれを取り巻く景観、墓の埋葬施設と墳丘・墓標などの地表に残された施設、墓に納められた副葬品、そして被葬者の遺体・人骨そのものなどである。特に被葬者の遺体・人骨が残されている場合、被葬者の年齢・性別やジェンダー、親族関係、さらには生前の病気や怪我などの経歴が確認できる場合もある［文献⑤・⑫］。土葬にするか火葬にするか（あるいは風葬など）によっても遺体の扱いは大きく異なる。骨化した遺体の扱いも、文化により様々である。

こうしたいわば埋葬された人々の個人情報の一部を復元することができたとして、ではそこに埋葬された一人一人（個人）はその墓地全体の中ではどのような位置づけが与えられるであろうか。この問題を考える上では、次のような様々な別の問いが可能である――そもそもその墓地はどのくらいの期間造営が継続したのであろうか。数十年であろうか。数世紀であろうか。その墓地は社会的な地位が高い人や低い人が同じ立場で葬られた共同墓地なのであろうか。それとも一部の限られた人のみが葬られた特別な墓地なのであろうか。そうした墓地の中で、「その人」がその場所に葬られたのはどのような意義があるのであろうか。

また墓地から社会関係を読み取るという場合、そこに示されるのが現実の社会関係そのものとみるのか、あるいは現実の社会関係が別の形で強調されたり、あるいは歪曲されたりして表現されるものであるのか、といった点についても議論がある［文献⑪］。例えば墓の規模や副葬品の内容などに差がなかったという場合、それはそのまま「平等的な」社会であったとみなすことができるのだろうか。本来その社会は経済格差が顕著で社会的にも階層分化が進展しているにもかかわらず、何らかのイデオロギーによって墓地では平等であるように表現されている、といった場合があり得るであろうか。

こうした問いを積み重ねつつ一つ一つ解答していくことによって、「その人」の生前の、あるいは埋葬当時の社会的な位置づけが明らかになるかもしれない。あるいはその墓地全体の様相から当時の社会状況を部分的にせよ再構築できる可能性もある。そしてそうした分析によって明らかになった事柄は、文献史料などには記録されていない内容を含んでいることがあるかもしれない。以下、こうした問題について、具体例をもとに考えてみたい。

三　墓地遺跡から何を読み取れるか？

ここで掲げるのは、中世の鎌倉時代から室町時代にかけて造られた、浦ノ田遺跡と呼ばれる墓地である［文献⑦］。現在の太宰府天満宮の境内で、天満宮からみて東南に位置する丘陵部の斜面に築かれた墓地である。中世の頃、太宰府天満宮は「安楽寺」と呼ばれており、九州各地に荘園を持つ有力な寺院であった。近年までの調査により、この時代に造られたと考えられる墓地が、太宰府天満宮の東側の丘陵地帯に広く存在していることが確認され、本遺跡もその一部とみられることから、当時の安楽寺の実態を考える上でも重要な遺跡である。図7－1は発掘が行われた調査区全体をみたものである。西側に面した斜面が、あたかも雛壇状に造成され、そのところどころ

図7-1　浦ノ田遺跡全体図
（文献⑦の第10図（12頁）より改変引用，九州歴史資料館提供）

に墓が営まれている。そのうちの一つ、C群という墓を拡大したのが図7－2である。こうした石組で築かれた墓が、調査区内だけでも約二十ヶ所見つかっている。

この墓地の最大の特徴は、火葬骨を埋葬した火葬墓群であるという点である。現代日本では火葬が主流であるが、江戸時代から近代にかけては土葬も広く行われていた。古い時代から順にたどると、旧石器・縄文・弥生・古墳時代においては基本的に土葬であったのに対し、八世紀初頭に天皇や貴族層などの一部で仏教とともに火葬が採用されたのが、広い意味での日本における火葬の始まりである。その後平安時代以降も土葬が行われていたが、鎌倉・室町時代になると仏教とともに火葬が広まり、石製の板碑や五輪塔といった「石塔」や木製の卒塔婆《そとば》などとともに、墓標を立てる墓地の形式が普及する。その後、近世以降においても、地域によって異なるものの土葬・火葬の両者が行われており、戦後の「墓地・埋葬等に関する法律」の制定により火葬が中心となった。この墓地は、そうした鎌倉・室町時代における火葬墓群の日本列島各地での展開の中で考えることができよう。

このうちC群は、約三・八（＋α）m×一・五～一・六mの範囲に広がり、石列による区画が認められる。自然石を用いた立石が横一列で並んだ状態で出土している。この自然石には文字などは何も書かれていないが、おそらくいわゆる墓標とみられる。この墓地で特徴的なのは墓の下部施設であり、石組の下から、直径二十～三十cm前後、深さ二十cm程度の穴が検出され、その中から火葬された人骨が出土した。これを「納骨ピット」と呼んでいるが、C群では立石の下から計八基のピットが出土している。人骨の調査結果では、性別は不明であるが、いずれも成人骨とされ、墓地全体でも十代前半以前の人骨が殆どみられないことが指摘されている。このC群では、全体を囲む区画がみられ、おそらく当初P2やP9といった位置で埋葬が行われ立石が立てられた後、周辺にも空間を充填するようにして墓が築かれ、最終的に現在の姿になったものとみられる。墓域全体では、十三世紀後半から十四

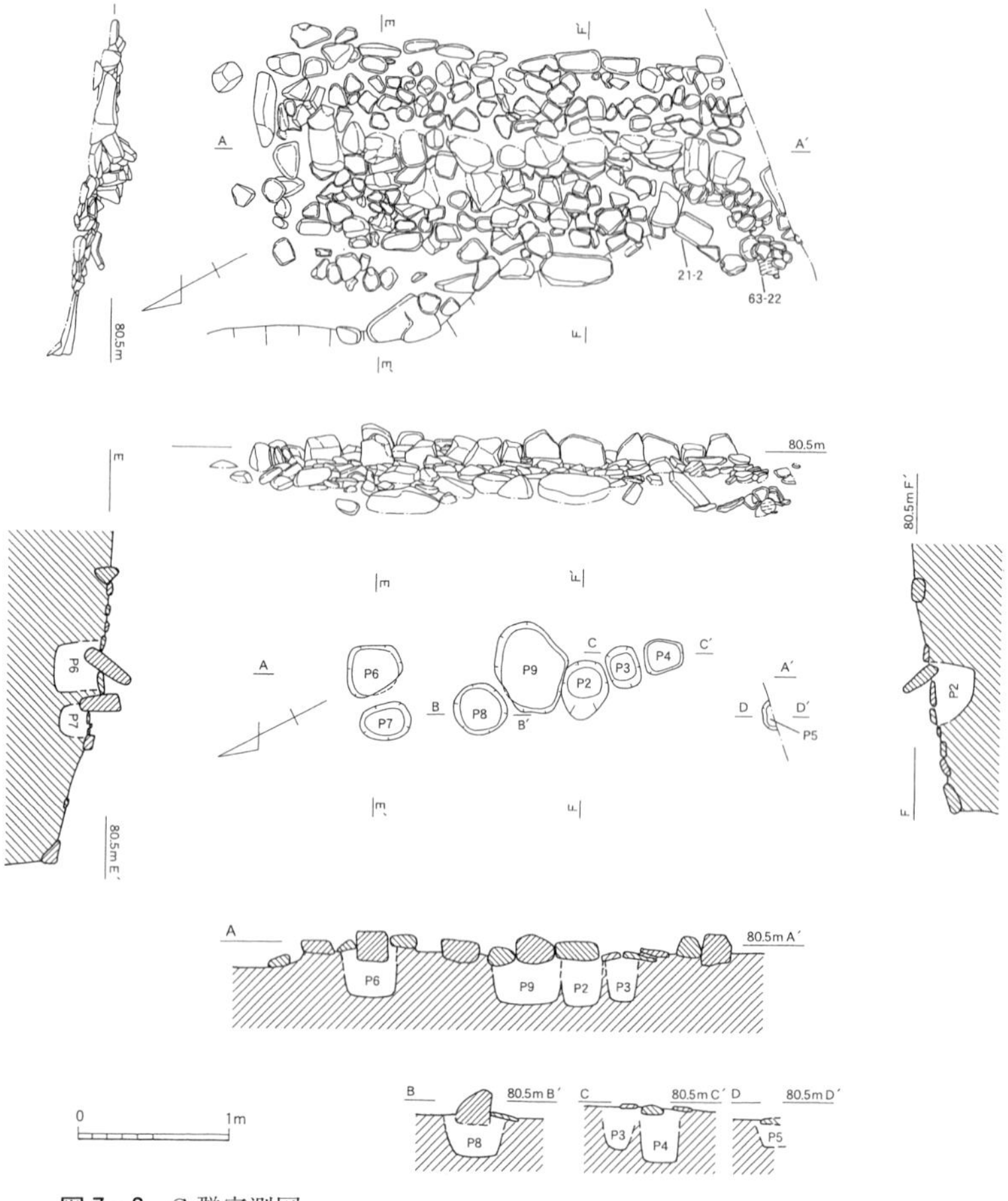

図7-2　C群実測図
（文献⑦の第20図（23頁）より改変引用，九州歴史資料館提供）

世紀代をピークとして造営が行われ、それ以降数が減少することが確認されており、C群の年代もその頃に位置づけられよう。

浦ノ田遺跡全体の中での他の墓群との関係についてみると、板碑が多く用いられた地点や五輪塔が主体的に用いられた地点、さらには火葬骨を納めるのにピットではなく古瀬戸の壺を用いた地点があったり、さらには納骨ピットとともに、仏教の経典を収めたとみられる銅製の筒形容器を伴う墓もあるなど、地点ごとに構成に違いがみられる。おそらく、当時の安楽寺に関わった人々の中で、選別された一部の人々がこの墓地に埋葬されたと考えられ、その中でもC群のように共同墓地の性格がつよい地点もあれば、より少数の被葬者が念入りに埋葬されていたりと、地点ごとに階層的な位置づけの違いがあるものと考えられる。

また石塔群の下部では基本的に納骨ピットや蔵骨器による埋葬が行われているが、調査時においては、石塔群の上に被さった埋土中から多数の火葬骨が検出されていた。このことは、納骨ピットや蔵骨器を伴わない、いわば石塔群への「散骨」（とその上に土を被せる）といった形での埋葬が広く行われていた可能性を示唆している。中世においては、日常生活の中で死の「穢れ」が禁忌としてつよく意識されていたと考えられているが［文献②］、この墓地が機能していた当時は、丘陵斜面に造られた石塔群とともに火葬骨が散乱する埋葬空間が、日常生活の空間から隔絶された墓所として存在していたことをイメージすることができようか。

先に挙げた視点でいえば、ここに埋葬された個人一人一人については、名前はもとより年齢・性別すらわからないものも多い。その一方で、十三世紀後半から十四世紀代を中心として、非常に多くの人々がこの墓地に葬られたこと、そしておそらく階層的に区分され、それによって五輪塔や蔵骨器などといったように埋葬の際の扱いが異なること、安楽寺境内にあって安楽寺を望む丘陵斜面に立地することから、安楽寺と関係が深い人々の墓所であったことなどを窺うことが可能である。逆にいえば、こうした墓地のどの地点に、どういった埋葬方式で埋葬するかといった種々の選択を通じて、死者は生者によって位置づけられる。生者もまた、埋葬が行われる際のいわば判断基準づくりに関わることによって、自らの位置づけを確認することになる。この墓地は、こうした一つ一つの埋葬行為の積み重ねの結果として長期にわたって形成された墓地であるといえよう。

四　墓地景観と社会関係

以上の例によっても示されるように、人の死に際して墓が造営される場合、誰が、どのような基準でどのような場所を選択するのか、また埋葬施設の構築やそこに納められる副葬品、そして土葬の場合には被葬者の遺体の埋葬姿勢といった点についても様々な選択が行われている。その中でも、墓地が営まれた場所を含む景観の形成は、同時代の社会状況や世界観とも深く結びついている。一つ一つの埋葬行為・墓の築造とその累積が墓地全体の景観を生み出し、それによって墓地空間がそこに参与する生者との関係を媒介し、そこにおける身体経験を通じて結果的に社会関係が構築・更新されると考えた場合（こうした問題について、弥生時代の甕棺墓地を素材とした研究事例として［文献⑧］を参照）、そうした景観の形成過程やそれが「どのような」社会関係の構築に関与したのかは重要な問題として浮かび上がってくる。

ここで極端な例であるが、やや時代を遡った古墳時代における墓造りについて考えてみたい。日本の古墳時代（三世紀中頃～六世紀代）においては、前方後円墳と呼ばれる巨大な墳丘墓が約三百五十年もの長期間にわたり造営されている。写真は、山口県柳井市にある柳井茶臼山古墳である（図7－3）。全長約九十ｍで、四世紀後半～末頃に築造されたと考えられる。明治二十五年（一八九二）に後円部の埋葬主体部が発見され、青銅製の鏡をはじ

図7－3　山口県柳井茶臼山古墳（上：前方部から後円部を望む，下：後円部から前方部と湾を遠望する，筆者撮影）

めとして豊富な副葬品が出土した。人骨が残っておらず被葬者の性別・年齢等については不明である。近年墳丘の整備が行われ、写真のように全面に葺石《ふきいし》が施され、壺形埴輪や円筒埴輪が立て並べられた形での復元が行われている。標高約八十mの丘陵頂部に位置しており、瀬戸内海につながる湾を一望することができる非常に見晴らしのよい場所にある。被葬者はおそらくこの地域を統括した集団の代表者といった人物像が想定され、基本的には一人もしくは極少数の人々を葬るためにこうした巨大なモニュメントとしての墓が築かれたと考えられる。こうした前方後円墳で最大のものが、宮内庁によって仁徳天皇陵と治定されている、大仙陵古墳（墳長四百八十六m）である。世界的な比較研究の成果として、こうしたモニュメント性の強い巨大な「王陵」は、各地の国家形成期、とりわけその初期段階に多かったことが指摘されている［文献⑥］。古墳時代は弥生時代以来の水稲農耕社会を基礎として様々な生業が行われていたと考えられているが、特に平地部においては、水田や土地の開発に伴う土木事業が実施されたところ（開発指向領域）に、こうした前方後円墳が築かれるといったことが指摘されている［文献⑩］。では、柳井茶臼山古墳のように丘陵頂部に築かれた古墳ではどのようなことが指向されたのであろうか。一つには瀬戸内海沿岸の交通の要衝という立地から、海から眺めることができるランドマークとしてこの地に築かれた、といった可能性がある。また平地部の集落域から眺望できるように、集団の統合の象徴として丘陵の頂部に築かれたといった可能性も想定される。古墳時代においては、列島の各地で常に大小の墳丘墓が造られ続けていたと想定されており、人々は、日常的な生活空間・生業の領域と墳丘墓によって形づくられた文化的・社会的景観を一体のものとして経験していたであろう。日常的に墓地景観をつくり出すこと、あるいはその中で生活することを通じて、帰属する地域集団の構成員とその中から古墳被葬者として選択された人々との間の関係が社会的実践として経験され、結果的に社会関係が再生産されていたと考えられる。墓地景観の形成を通じて社会関係が表現されていた時代とも言い換えることができる。現代の「霊園」などの墓地景観形成とは異質な、しかし一方では死者の存在を前提とした社会的景観形成という点では通底したあり方において、社会関係の形成を行う人々の姿がここには認められよう。墓は、死者のために造られるものであると同時に、そのときどきの生者によって、自分たちが生きる世界のために造られ続けていくのである。

おわりに

以上、墓地と社会関係との間にどのような関係があるのかという問題について、墓地遺跡や墓地景観の形成という観点から検討を行ってきた。ここまでみてきたように、人類にとって「死」は普遍的であるが、墓地やそこにおける社会関係という点については様々に異なっている。そうした意味での死をめぐる人の様々な文化的営みを比較しながら、それぞれの社会・文化に通底する人類としての普遍性とそれぞれの歴史的・文化的脈絡における特殊性を明らかにしつつ相対化していくことが、「死」についての研究課題の一つといえよう。

参考文献

①内堀基光・山下晋司『死の人類学』講談社学術文庫、二〇〇六〔一九八六〕年
②勝田至『死者たちの中世』吉川弘文館、二〇〇三年
③勝田至編『日本葬制史』吉川弘文館、二〇一二年
④佐藤弘夫『死者のゆくえ』岩田書院、二〇〇八年
⑤田中良之『骨が語る古代の家族』吉川弘文館、二〇〇八年
⑥都出比呂志『王陵の考古学』岩波新書、二〇〇〇年
⑦福岡県教育委員会『浦ノ田遺跡Ⅳ』福岡県文化財調査報告書第一八九集、二〇〇四年

⑧溝口孝司「福岡県甘木市栗山遺跡C群墓域の研究――北部九州弥生時代中期後半墓地の一例の社会考古学的検討――」『日本考古学』二、一九九五年
⑨メトカーフ、ハンティントン、池上良正・池上冨美子訳『死の儀礼』【第二版】未來社、一九九六年
⑩若狭徹『古墳時代の水利社会研究』学生社、二〇〇七年
⑪Hodder, I., *Symbols in Action*, Cambridge : Cambridge University Press, 1982.
⑫Parker Pearson, M., *The Archaeology of Death and Burial*, Texas : Texas A&M University Press, 1999.

第Ⅲ部　文学における生と死

トーマス・マン『ヴェニスに死す』表紙

8 竹取物語「月の顔見るは忌むこと」考

静永　健
（中国文学）

はじめに

本章は皆さんもよく知る『竹取物語』、すなわち日本最古の物語とされる「かぐや姫」の話を採り上げる。これは決して奇を衒《てら》ったわけではない。十世紀初頭の我が国において、なぜこの物語が書き綴られ（話として伝わるだけでなく〈読み物〉として紙に書き写され）、多くの人々に読まれ（その一人に『源氏物語』作者紫式部もいる）、そして今日にまで脈々と伝えられているのか――よく考えてみると、ここには幾つもの大きな謎が横たわっている。そもそもこの作品のみが、紫式部が言うように「物語の出で来はじめの祖《おや》」（『源氏物語』絵合）とまで尊崇されたのはいったい何故なのであろうか……。これらの大問題に対し、本章が迫り得る範囲は、いまだ十分とは言えないだろうが、作者がこの物語の背後に込めた「メッセージ」とは何なのかということについて、皆さんと一緒に考えてみたいと思う。

なお『竹取物語』原文の引用（文中の（1）～（4））については、ここでは岩波文庫所収のものを底本とするが［文献①］、皆さんは各自入手できたもの（ただし古文に限る）を参照して下さい。

一　『竹取物語』と中国文学

まずはじめに『竹取物語』研究の出発点として、私が皆さんに問いかけたいのは、この物語はいったいどこの国の文学作品なのか？という疑問である。もちろん、この物語は平安時代の日本人が、その当時の日本語（古文）で書いた正真正銘の日本文学である。またこの物語の結末に富士山が登場するのであるから、その舞台も日本であることは間違いない。しかし、その創作の素材となった故事や伝承説話などを考えてみればわかるように、この物語は、単に日本という国土の中でのみ形成されたものではない。『竹取物語』成立の背景には、平安時代の知識人（おそらく宮廷内の当時一流の貴族文人）たちと中国やインドなど東アジア全域にまたがる幅広い交流が無くてはならないのである。

例えば物語の中盤、かぐや姫の前に五人の貴公子が現れ、それぞれに結婚を申し込む場面がある。皆さんもご存知のように、ここでかぐや姫は五人の公達《きんだち》それぞれに常人では手に入れることのできぬ五つの品物を要求し、彼らのプロポーズを見事に退けるのである。

石つくりの皇子……仏の石の鉢　　倉もちの皇子……蓬莱の玉枝　　安倍の右大臣……火鼠の裘《かわごろも》

大伴の大納言……龍の頸の玉　　石上の中納言……燕の子安貝

この五つの品がそれぞれ実際にどのような文献から導き出されたものかは『竹取物語』の各種専門研究書の解説に譲るが、「仏鉢」（仏教＝インド）、「蓬莱樹・軽裘・龍玉」（中国）、「子安貝」（東南アジア諸島で産出）など当時の平安知識人が知り得る最先端の故事や海外の知識によって編み出されていることだけは確認されるであろう。

そして更に注目してもらいたいのは、主人公かぐや姫の人物設定に関する事柄である。

（1）その竹の中に、幹《もと》光る竹なむ一筋《すぢ》ありける。あやしがりて寄りて見るに、筒の中光りたり。それを見れば、三寸ばかりなる人、いと美しうて居《ゐ》たり。……この児の容貌《かたち》けうらなること世に無く、屋《や》の内は暗き所なく光り満ちたり。

（2）みかど、にはかに日を定めて御狩に出で給ふて、かぐや姫の家に入り給ふて見給ふに、光みちて清らにて居たる人あり。これならんと思して近く寄らせ給ふに……

前者（1）は物語の冒頭、かぐや姫が竹の中から発見される場面、後者（2）は物語の後半、五人の求婚を却けた姫に対し、いよいよ帝《みかど》自身が彼女の評判を聞きつけて、竹取翁の家を訪れる場面である。彼女が何故このように「光りかがやく姫」であるのかは、次に挙げるように九世紀の中国（すなわち唐朝）において伝承されていた故事、そして大流行していたある詩人の作品に、その淵源《モデル》が求められるのである（傍線は筆者、以下同じ）。

（a）明君、漢元帝時、匈奴単于入朝、詔王嬙配之。即昭君也。及将去入辞、光彩射人、聳動左右、天子悔焉。

「明君（という楽曲）」は、漢の元帝《げんてい》の時、匈奴の単于《ぜんう》入朝し、詔《みことのり》して王嬙《おうしょう》もて之に配す。即ち昭君なり。将《まさ》に去らんとして入りて辞するに及び、（彼女の）光彩　人を射て、左右を聳動せしむれば、天子焉《これ》を悔ゆ。　　（『旧唐書《くとうじょ》』巻二十九、音楽志）

（b）姉妹兄弟皆列土　　姉妹兄弟　みな土《ど》（領地）を列す。
可憐光彩生門戸　　憐れむべし　光彩の門戸に生ずるを。
遂令天下父母心　　遂《つひ》に天下の父母の心をして、

不重生男重生女　　男を生むを重んぜす　女を生むを重んぜしむ。

（白居易『白氏文集』巻十二、「長恨歌」、その第二十三～二十六句）

前者（a）は唐代に流行していた楽曲の解説。前漢の元帝（BC七六～BC三三）に仕える宮女（本名は王嬙）が、不幸にも北方異民族の王（単于《ぜんう》）のもとに嫁ぐことになった悲劇を語った歌曲を説明するものである［文献②］。もちろん出典はこれのみに限るものでは無いが、そもそも「光彩　人を射る」という表現は、中国の古典文学において習見される〈美人を形容する常套句〉なのである（なお彼女の通称である「王昭君（別名王明君）」の「昭」字も「照」に通じ、和訳すれば「照りかがやく姫君」の意になる）。

また後者（b）も唐代に大流行した詩歌である。日本でもその字《あざな》によって白楽天《はくらくてん》の名で親しまれている詩人であるが、特にこの「長恨歌《ちょうごんか》」は、唐代に実在した絶世の美女楊貴妃《ようきひ》（七一九～七五六）を歌った名作であることは、既に皆さんもよくご存知のことと思う［文献③］。美しい女性の存在《オーラ》は、その周囲を明るく照らすのみならず、家屋全体をも光満ちたものにする……とは、いかにも文学的な誇張であるが、この『竹取物語』という作品が、長く民間で語り伝えられてきた素朴な伝承をもとに書かれたものではなく、実はその発想の段階から、中国古典文学の影響を濃厚に受け、その表現自体にもさまざまな洗練が加えられて書き上げられたもの（すなわち文人によって創作されたもの）であることがわかるであろう。

二　姿が消える「かぐや姫」

さて、かぐや姫の人物設定において、もう一つ中国（しかも前述と同じく白楽天の詩歌である）からの影響が見られる特徴的な部分を挙げておこう。それは、帝がかぐや姫のもとを訪れ、いよいよ強引に彼女を宮殿に連れ帰ろうとする場面に当たる。

（3）（かぐや姫）「おのが身は、この国に生れて侍らばこそ仕《つか》ひ給はめ。いと率《ゐ》ておはしまし難くや侍らむ。」と奏す。帝「などか、さ、あらむ。なほ率《ゐ》ておはしまさむ。」とて御輿《おほんこし》を寄せ給ふに、このかぐや姫、きと影になりぬ。はかなく口惜《を》しと思《おぼ》して、実《げ》にただ人にはあらざりけりと思して、「さらば御供には率て行かじ。もとの御かたちになり給ひね。それを見てだに帰りなむ。」と仰せらるれば、かぐや姫もとのかたちになりぬ。帝、なほめでたく思《おぼ》しめさるること、せきとめ難し。

注目してもらいたいのは傍線部「き（きっ）と影になりぬ」という一文である。彼女はなんと自分自身を一瞬で見えなくしてしまう術を持っているのである。

もとより彼女が月世界から来た者であることを知っている今日の我々には、特に違和感の無いことであるかもしれないが、この発想を平安時代の作者は、いったい何処から得たのであろうか。古典文学として改めて考え直してみるとまことに不思議に思われる場面である。

しかしこの発想の淵源として、私は次の白楽天の「李夫人」という物語詩が創作のヒントとなったと考える［文献④］。この女性は、中国において先の王昭君よりも更に古い時代を舞台として語られていた人物なのである。

（c）漢武帝　　漢の武帝、
初喪李夫人　　初め李夫人《りふじん》を喪《うしな》ふ。

夫人病時不肯別　　夫人　病《や》める時　別れを肯《がへん》ぜず、
死後留得生前恩　　死後も留《とど》め得たり　生前の恩。
…（中略）…
又令方士合霊薬　　また方士《ほうし》（道士）をして霊薬を合（調合）せしめ、
…（中略）…
反魂香降夫人魂　　反魂香《はんごんこう》は降《くだ》す　夫人の魂。
夫人之魂在何許　　夫人の魂　何許《いづく》に在りや、
香煙引到焚香処　　香煙は引き到る　香を焚《た》く処。
既来何苦不須臾　　既《すで》に来《き》たるに　何苦《いかん》ぞ須臾《しゅゆ》もせず、
縹緲悠揚還滅去　　縹緲《ひょうびょう》として悠揚《ゆうよう》し　還《ま》た滅し去る。
去何速兮来何遅　　去ること何ぞ速く　来たること何ぞ遅き、
是耶非耶両不知　　是《ぜ》か非《ひ》か　両《ふた》つながら知らず。
翠蛾髣髴平生貌　　翠蛾《すいが》　髣髴《ほうふつ》たり　平生の貌《かお》、
…（中略）…
魂之不来君心苦　　魂の来たらず　君の心は苦しみ、
魂之来兮君亦悲　　魂の来たるや　君　亦た悲しむ。
……（後略）

（白居易『白氏文集』巻四、「李夫人」詩より）

この「李夫人」は、前漢時代最盛期の皇帝であった武帝《ぶてい》（BC一五六～BC八七）の寵愛を受けた女性としてすでに司馬遷『史記』（外戚世家）や班固『漢書』（外戚伝上）にも簡略な伝記が見える。皇帝最愛の美女でありながら病を得て早世した薄命のヒロインである。故事では彼女との死別を悲しむ帝をなぐさめるべく、道教の術士が夜、宮殿内に帷帳《カーテン》をかけ、「影絵」のようにして彼女の姿を映し出したという。ここに引用した白楽天の詩歌も、この伝承を忠実に襲うが、「反魂香」を焚いて夫人の魂を降臨させ、夫人の姿がゆらゆらと立ち現れたかと思うと、瞬く間にパッと消えてしまう（しかも帝は夫人の姿を見ては苦しみ、消えてもまた悲しむ）というのは、間違いなく『竹取物語』のかぐや姫と帝との関係にピタリと一致する。白楽天の詩集『白氏文集《はくしぶんしゅう》』［文献⑤］は、日本の承和五年（八三八）には博多港に入った商船の積荷から発見されたという記録があり（『文徳実録《もんとくじつろく》』巻三）、この『竹取物語』は九世紀の平安京において、こうした『白氏文集』などを読むことができた当時最先端の宮廷文人たちによって創作され、かつ宮廷内で「面白い！」と評判になった文学作品だったと考えられるのである。

三　満月に泣く「かぐや姫」

九世紀の中国（唐王朝末期）において爆発的な人気を博し、そしてその流行が中国のみならず朝鮮半島や日本までを含む「東アジア」全体に広がっていた文学作品。それが白楽天の詩歌であった。当時の人々（その国を代表する一級文人たち）は、こぞって『白氏文集』の中のさまざまな漢詩文を読み耽り、その微細な一字一句までをも暗誦していたのである。菅原道真（八五四～九〇三）が渤海国《ぼっかいこく》からの使者と漢詩の応酬をし、大使から「白氏《はくし》の体《てい》を得たり」との賛辞を得たのもこの頃である。『竹取物語』の作者がいったい誰なのかは未だ明らかではないが、その作品中に見える『白氏文集』の影響は、そのほかにも実に意外な箇所に窺うことができる。

（4）かやうに御心をたがひに慰め給ふほどに、三年《みとせ》ばかりありて、春のはじめより、かぐや姫、月のおもしろく出でたるを見て常よりも物思ひたるさまなり。ある人の「月の顔《かほ》見るは忌《い》むこと」と制しけれども、ともすれば人間《ひとま》にも月を見ては、いみじく泣き給ふ。七月十五日の月に出でゐて、切《せち》に物思へる気色なり。近く使はるる人々、竹取の翁に告げて曰く「かぐや姫の、例も月をあはれがり給へども、この頃となりては、ただ事にも侍らざめり。」……翁、「月な見給ひそ。これを見給へば物思す気色はあるぞ。」と言へば、「いかで月を見ではあらん。」とて、なほ月出づれば出でゐつつ嘆き思へり。

物語の最終段、かぐや姫がいよいよ月宮に昇天しようとする直前の、満月になりゆく月を見て人目を憚らず嘆き悲しむ場面である（この時、姫以外の人々はまだ彼女が八月十五日の満月の夜に月に帰ることを知らないために、懸命に「月を見るな」と姫を制止するのである）。かつて『竹取物語』の一部の注釈書では、この部分は「女性が満月を見てはいけない」という日本の古い風習があったと解説されていた。しかし、近年の研究によってこの忌避信仰説は否定され、これも白楽天の次の二首の詩に基づくという説に賛同が集まっている。

（d）漢漢闇苔新雨地　漢漠たる闇苔　新雨《あめあがり》の地、
微微涼露欲秋天　微微たる涼露　秋ならんと欲する天。
莫對月明思往事　月明に対して往事を思ふ莫《なか》れ、
損君顔色減君年　君が顔色を損なひ　君が年を減ぜん。
（白居易『白氏文集』巻十四、「内《つま》に贈る」詩、元和九年814秋、白氏43歳の作）

（e）三声猿後垂郷涙　　三声の猿の後に　郷涙《きょうるい》垂れ、
一葉舟中載病身　　一葉の舟の中《うち》　病の身を載《の》す。
莫憑水窓南北望　　水窓に憑《よ》りて南北を望む莫れ、
月明月闇総愁人　　月明《あか》きも　月闇《くら》きも　総《すべ》て人をして愁へしむ。
（白居易『白氏文集』巻十四、「舟夜 内《つま》に贈る」詩、元和十年815八月、白氏44歳の作）

中国において「女性が満月を見てはいけない」などという伝承は無い。では、ここでなぜ白楽天が自分の妻に「月を見るな」と言っているのかというと、実は彼ら夫婦はその数年前（元和六年（八一一）八月）に初めての子供（長女、名は金鑾《きんらん》。享年三歳）を病気で亡くしていたのである。白楽天の詩歌は、その大部分が制作年の順に並べられている。よって彼の身辺に起こった出来事は、まるで彼の日記を読んでいるかのように克明に知ることができるが、果たしてその幼気《いたいけ》な少女の他界は、その年の八月十五夜の満月の頃だったと推測されるのである［文献④］。大変ショッキングな内容ではあるが、少女が他界したその日のことを詠んだ作品も詩集には残されている。

（f）　病中哭金鑾子　　病中に金鑾子《きんらんし》を哭《こく》す
豈料吾方病　翻悲汝不全　　豈《あ》に料《はか》らんや　吾方《まさ》に病めるに、翻《かへ》って汝が不全《はやじに》を悲しまんとは。
臥驚従枕上　扶哭就燈前　　臥驚《とびおき》して　枕上に従《む》かひ、燈《ともしび》の前に　扶《だきかか》へて哭す。
有女誠為累　無児豈免憐　　女《むすめ》有るは　誠に累《わづら》ひと為るも、児《むすこ》無ければ　豈に憐れむを免《まぬ》かれんや。
病来纔十日　養得已三年　　病み来たりて　纔《わづ》かに十日、養ひ得たるは　已《た》だ三年。
慈涙尋声迸　悲腸遇物牽　　慈涙は　声に尋《つ》いで迸《ほとばし》り、悲腸は　物に遇《あ》って牽《ひ》かる。

故衣猶架上　残薬尚頭辺　　故衣は　猶《な》ほ架上にあり、残薬は　尚《な》ほ頭辺にあり。
送出深村巷　看封小墓田　　深村の巷《うらまち》より送り出だし、小さき墓田《はかあな》に看封《まいそう》す。
莫言三里地　此別是終天　　言ふ莫れ　三里の地ぞと、此の別れは是れ終天《えいえん》。
（白居易『白氏文集』巻十四、元和六年811八月、白氏40歳の作）

最も哀切なのは第十一・十二句以降、部屋の衣紋《えもん》掛けにはまだ少女の普段着が掛けられたままであるのが見え、枕元にはもう飲むことのない薬が残っている……という詩句。娘を亡くした父親の気持ちが淡々とした静止画像によって実に印象的に表現されている部分であろう。

なお白楽天以前の中国において、このように「我が子の死」を直截的に文学作品として描くことは無かった。更には自分の妻を含む〈家庭内〉の出来事を詩歌において公言するなどは、儒教の礼節観念からも当然恥じ忌まれるべきことであった。例えば六朝時代（五世紀）の説話集『世説新語《せせつしんご》』（傷逝篇）では、夭折した我が子を公然と悲しむことは、当時の士大夫階層ではいささか常軌を逸した行為として考えられていたようである［文献⑥］。

（g）王戎喪兒萬子。山簡往省之、王悲不自勝。簡曰「孩抱中物、何至於此？」王曰「聖人忘情、最下不及情。情之所鍾、正在我輩。」簡服其言、更爲之慟。
王戎《おうじゅう》　児《むすこ》の万子《ばんし》を喪ふ。山簡《さんかん》往きて之を省《み》るに、王は悲しみて自ら勝《た》へず。簡曰く「孩抱中《がいほうちゅう》の物なるに、何ぞ此《ここ》に至るや？」王曰く「聖人は情を忘れ、最下は情に及ばず。情の鍾《あつ》まる所、正に我が輩に在り。」簡も其の言に服し、更に之れが為に慟す。

いずれの世も我が子の死を悲しまぬ親はいない。しかし乳幼児の生存率が今日に比べて極端に低かった古代において、子供の死を公然と嘆くことは、おそらく〈忌避〉というよりは〈諦め〉の感情によって制御される面があったのであろう。そこで当時「竹林の七賢」のひとりとして、世俗のさまざまな欺瞞に対し断固たる姿勢を取っていた王戎（二三四～三〇五）は、「聖人」ならば「情を忘れ」ることができ、逆に最下等の生き物ならばそのような「情を持たない」であろうが、自分たちは聖人君子ではなく、はたまた下等動物でもない「平凡な人間」なのだから（私たち中流の者はそのような感情が集まって肉体が出来上がっているのだから）、我が子の死を悲しまないではおれないのだ！と高らかに宣言した。なお挿話中において王戎を見舞った山簡も、『竹林の七賢』のひとり山濤《さんとう》（二〇五～二八三）の子である。幼な児の死に対して、もちろん我々は本能的に悲しみの感情を懐くものであるが、それを公然と表明し、更には詩歌や文章として表明するに至るには、何がしかの乗り越えるべき障壁（社会的抑制《タブー》）があったのである。

しかし白楽天（七七二～八四六）の時代、詩歌を詠む知識人層の変化に伴って、その禁忌意識は徐々に薄らいでいった。そしてようやくこの障壁は取り除かれ、彼は娘の死を詩歌の中に詠じた（ただしこのような白楽天でも父母の死に関しては詩歌を作ることは無かった。タブーだったのである）。彼が長女金鑾を思い出して詠んだ別の詩歌には、はっきりとこの『世説新語』の故事を踏まえて（自分は）「是れ情を忘れし人ならず（不是忘情人）」という詩句が見え（『白氏文集』巻十、「念金鑾子二首・其二」）、またその晩年にも「不能忘情吟（情を忘るる能《あた》はざる吟《うた》）」と題する作品を作っている（『白氏文集』巻七十）。九世紀の中国、そして東アジア全域において、彼の詩文集『白氏文集』が突如大流行するのは、まだこの他にも幾つかの理由が考えられるが［文献⑦］、我が国平安京の人々の心を捉え、彼らに「文学」というものの存在意義を自覚させた大きな要因の一つには、この「愛する者の死」に対する感情の表出があったことは間違いないであろう。

実は「かぐや姫」の物語は、『白氏文集』の各所に散見されるこのような作品（愛する者の死を哀惜する詩歌）に触発され、成立したと考えられるのである。

四　娘を亡くした父母たちへ

『白氏文集』の中に、製作年代未詳ながら、次のような中篇の詩歌がある。

（h）　箇箇吟

蘇家小女名箇箇
芙蓉花腮柳葉眼
十一把鏡学点粧
十二抽針能繍裳
十三行坐事調品
不肯迷頭白地蔵
玲瓏雲髻生菜様
飄颻風袖薔薇香
殊姿異態不可状
忽忽転動如有光

箇箇《かんかん》の吟《うた》

蘇家《そけ》の小女　名は箇箇《かんかん》、
芙蓉《はす》の花の腮《ほほ》に　柳の葉の眼。
十一にして　鏡を把《と》りて点粧《おけしょう》を学び、
十二にして　針を抽《ぬ》きて繍裳《おはりこ》を能《よ》くす。
十三にして　行坐に調品を事とし、
迷頭白地《かくれんぼ》蔵を肯《がへん》ぜず。
玲瓏たる雲髻《まげ》は　生菜《わかくさ》の様、
飄颻たる風袖は　薔薇の香。
殊姿　異態　状すべからず、
忽忽として転動すれば　光《ひかり》有るが如し。

二月繁霜殺桃李
明年欲嫁今年死
丈人阿母勿悲啼
此女不是凡夫妻
恐是天仙謫人世
只合人間十三歳
大都好物不堅牢
彩雲易散琉璃脆

二月の繁霜　桃李を殺《か》らし、
明年嫁《とつ》がんと欲して　今年死す。
丈人《ちち》よ　阿母《はは》よ　悲啼する勿《なか》れ、
此の女《こ》は是れ凡夫の妻にあらず。
恐らくは是れ天仙の人《ひと》の世《よ》に謫《たく》せられ、
只《ただ》合《まさ》に人間《じんかん》に十三歳なるべし。
大都《なべて》　好《よ》き物は　堅牢ならず、
彩雲《にじ》は散じ易く　琉璃《るり》は脆《もろ》し。

（白居易『白氏文集』巻十二、恐らく50歳前後の作）

その名を蘇簡簡という少女は、眉目秀麗、お化粧やお裁縫といった女性にとって大切な技能も習得し、十二歳の頃には、もうお転婆な行動もなく、とても美しい娘として成長していた（第十句「忽忽として転動すれば光有るが如し」とやはり「光」を放つ存在であった）。しかし、二月の遅霜《おそじも》が桃や李の蕾《つぼみ》を突然枯らしてしまうように、明年は縁談が……という身空で、彼女はあえなく死んでしまった。

この詩は、そんな可哀想な蘇簡簡のために（更にはその死を悲しむ簡簡の両親のために）、白楽天が詠み与えた鎮魂の作品なのである。第十三句以降、白楽天は次のように語りかける「お父さん、お母さん、悲しみ啼《な》くのはよしなさい。この女の子は、もともと普通の男性に嫁ぐ運命《さだめ》にはなかったのだ。おそらく天上世界の仙女が何かの過ちで人間世界に流刑となり、きっと十三年間ここに服役していただけなのだ」と。皆さん、これぞ「かぐや姫」

のモデルと言えるのではないでしょうか！

言うまでもなく、天空に満ち欠けを繰り返す月は「死と再生」の象徴である。かぐや姫が昇天する直前、「不死の薬」を自分を育ててくれた竹取翁と嫗とに贈るのも、彼女が永遠の命を持った月宮の仙女であることを証明するものである。しかし、その昇天の場面は、まさしく育ての親（竹取翁と嫗）と娘との「今生の別れ」を描く以外の何物でも無い。『竹取物語』がまさしく平安京の文人たちの手によって創作され、多くの感動を喚んだのは、まさしく中国において白楽天がはじめて文章化に踏み切った「愛娘との死別」という、人類にとって根源的で普遍的な問題を取り扱っているからなのである。

おわりに

日本の古典文学には、その地理的な関係と歴史的な交流の長さ、また交流密度の頻繁さゆえに、中国古典文学の影響が強く見受けられると言われる［文献⑧］。それは間違いない事実ではあるのだが、しかしその「影響」とは、単に中国文明の先進性のみによって簡単に説明付けられ、個々の類似現象の探索のみによって単純に理解される傾向が強いように思われる。私はその「中国から日本へ」という文化の流れの中にも、さまざまな要素、そしてさまざまな動きがあると考えている。九世紀の白楽天『白氏文集』の流行とその海外諸国への伝播には、彼の作品が持つ幾つかの特異性が関係していると思われる。また一方の『白氏文集』を求めた日本の宮廷文人たちの側にも、その特異性を受け入れる環境と、新たな文学を希求し創造しようとする気運があったと思われる（例えば天皇の后妃たちにとって、自らが生んだ子供（皇子・皇女）との死別は、同時に後宮社会での失脚を意味する）。それらの幾つもの偶然と必然とが絡み合って、まさしくここに『竹取物語』は成立したように思われる。もしかすると、九世紀の白楽天『白氏文集』が存在しなかったならば、日本と中国のそれ以降の文学は、今日のような方向には発展せず、またこの密接な類似性も見られなかったのではないか、とまで思われるのである（例えば『源氏物語』と『紅楼夢』のように……）。

愛する我が児（娘）の死を悼む気持ちは、東シナ海の荒ら波を越え、そして言葉や文化の障壁をやすやすと超えて、日本の人々に新たな「文学」の存在意義を伝え、我が国に「物語」という文学ジャンルを生み出した。日本ではじめて書かれた「物語の祖《おや》」なる『竹取物語』は、このようにして誕生し、そして読み継がれていったのだと考えられるのである。

参考文献

①阪倉篤義校訂『竹取物語』岩波文庫、一九七〇年
②藤野月子『王昭君から文成公主へ―中国古代の国際結婚』九州大学出版会、二〇一二年
③九州大学中国文学会編『わかりやすくおもしろい中国文学講義』中国書店、二〇〇二年
④静永健『漢籍伝来―白楽天の詩歌と日本』勉誠出版、二〇一〇年
⑤岡村繁『白氏文集』（新釈漢文大系）全十二冊、明治書院、一九八八年～（現在刊行中）
⑥目加田誠『世説新語』（新釈漢文大系）全三冊、明治書院、一九七五年～一九七八年
⑦陳翀『白居易の文学と白氏文集の成立―廬山から東アジアへ』勉誠出版、二〇一一年
⑧東アジア地域間交流研究会編『から船往来―日本を育てた ひと・ふね・まち・こころ』中国書店、二〇〇九年

9　命を与えることの重み
――『フランケンシュタイン』における生と死――

鵜飼信光
（英文学）

はじめに

メアリー・シェリー（一七九七―一八五一年）は無政府主義の先駆者である社会思想家・小説家ウィリアム・ゴドウィンと女権拡張論者の草分けメアリー・ウルストンクラフトの子として生まれた。十七歳の時、妻子のあったロマン派詩人パーシー・ビッシュ・シェリーと国外へ駆け落ちし、二年半後、パーシーの妻が自殺すると結婚。その五年後、パーシーは事故死し、メアリーは計五編の小説とエッセーなどを執筆しながら、著述家として生きる。『フランケンシュタイン』（一八一八年）はメアリーの最初の小説で、彼女の結婚の前後、十八歳から十九歳の間に執筆された。パーシーとスイスのジュネーヴに行き、ロマン派詩人バイロンの別荘の近くに滞在していた折、ドイツの幽霊物語に刺激されたバイロンが一人一人幽霊物語を書くことを提案、メアリーも応じたのが創作のきっかけだった。メアリーはバイロンとパーシーが人工的に生命を生み出す実験について会話しているのを聞いて数ページの物語を着想し、パーシーがそれをもっと長いものにするよう熱心に勧め、二百ページ前後の作品ができあがることとなった。

『フランケンシュタイン』の内容は次のように要約できる。ヴィクター・フランケンシュタインは死体を寄せ集めて人造人間を完成させるが、その生命体（名前は与えられず「怪物」として言及される）の醜悪さに耐えきれず逃亡する。怪物は醜さ故に迫害されるうちに、ヴィクターに憎悪を抱くに至り、彼に近い人々を殺害していく。やがてヴィクターは怪物を追いかけ回す旅を始めるが、北極圏で死に瀕していたところを探検家ロバート・ウォルトンの船に助けられる。作品はウォルトンが探検に出発する前の心境をロシアからイギリスにいる姉に書き送る手紙で始まり、ウォルトンが書き留めたヴィクターの来歴が作品の主要部分を占める。ヴィクターは船中で衰弱死し、それを知った怪物は唯一絆のあったヴィクターを失って悲嘆し、焼身自殺すると予告して氷原へ去る。

死体から生命を創造するという特異な内容のこの作品で、生と死はどのように描かれているだろうか。第一節ではまず、作品の導入部とヴィクターの語りの最初の部分に、類似と対比の強調があり、その強調が特に生と死の対比に向けられていて、生と死を隔てる境の壁の厚さの認識が、ヴィクターを探究に駆り立てていることを見ていきたい。

一　生と死の境

『フランケンシュタイン』はウォルトンが、ヴィクターが語る来歴を姉への手紙として書き留めたもの、という構造を持つが、ヴィクターの語りの中には、彼が怪物から聞いた怪物自身の来歴も含まれている。作品は、怪物が語る孤独と友を求める切望を、ウォルトンが同じように感じる孤独との類似によって際立たせる。ウォルトンは両親を早くに亡くし、無関心な叔父に放任されて孤独のうちに育つ。怪物が書物で多くを学んだように、ウォルトンも叔父の書架の本を読みふけることが教育だった。手紙を送るべき姉がいるという決定的な違いもあるが、ウォルトンは怪物と類似した境遇にある。

類似は科学の熱烈な探究者としてウォルトンとヴィクターの間にも設定されている。ウォルトンは北極圏探検記に刺激されて、捕鯨船で修行をするなどの苦労の末、従兄の遺産で船を準備し探検に乗り出す。探検中のある日、遠方を大柄な何者かが犬ぞりで走って行くのが目撃される。さらに翌日、一匹しか犬の生き残っていない犬ぞりとヨーロッパ人一人が発見され船へ助け上げられる。これがヴィクターで、ウォルトンは彼が気高い人格を持っているように感じ、真の友を見出したと喜ぶ。ヴィクターはウォルトンの野心を知り、科学的探究の危険を警告するつもりで、彼に自分の来歴を語る。

ウォルトンは詩人を志したことがあるが、詩人らしい気質はヴィクターも持っていて、ウォルトンはヴィクターに惚れ込み、彼を賛美する態度を示し続ける。ウォルトンは感情は豊かだが丸め込まれやすく、ヴィクターの行動の問題に気づいて指摘したりすることがない。この好都合な聞き手に、ヴィクターは自分がジュネーヴの名家の長男であることなどを語り始める。ヴィクターの生い立ちでは、怪物やウォルトンと対照的に、彼が家族に愛され十分に教育を受けて育ったことが注目される。その対比は怪物の孤独を、また、自分が親から与えられた恵みをヴィクターが怪物に全く与えなかったことを、際立たせる。

ヴィクターが生命の創造という大胆な試みに乗り出したのには、直接的には、錬金術師の著作の影響が大きい。熱狂的な気質を持つ彼は、限られた領域で着実な成果を目指す科学者の卑小さを軽蔑し、大きな目標を掲げ奮闘した錬金術師の姿にあこがれた。しかし、ドイツ南部のインゴルシュタットの大学に進んでからは、優れた教師に目を開かれ、ヴィクターは化学の研究に励み、二年後には師から学ぶこともなくなり帰郷しようとする。しかし、ちょうどその頃、生命科学に興味を惹かれ、墓地から集めてきた死体を研究し、二年後には人造人間を完成させる。その完成直後、ヴィクターは自分が作り出した存在の醜さに急に気づき、いたたまれなくなって逃げ出す。人造人間は、ヴィクターが外をさまよっている間にいなくなったが、ヴィクターは重病に陥り、偶然その日に郷里から大学で学びに来た親友クラーヴァルに二年にわたる看病を受け、やっと帰国する。

このようにヴィクターの生命創造の追究は、巨大な偉業を一気に達成しようとする野心を直接的な原動力としているが、大学へ出発する直前に見舞われた母の死によって生と死の対比を感じさせられたことも、間接的に大きく影響していると考えられる。作品中の重要な対比の例だが、怪物と対照的に、ヴィクターの母も、怪物に殺害される弟やエリザベス（農家で養われていたイタリア貴族の遺児で、ヴィクターの母が引き取り、ヴィクターの将来の妻として意図していた）も、容姿がきわめて美しい。この対比は単に怪物と人間の違いだけではなく、死と生の違いを際立たせるものでもある。ヴィクターの母はエリザベスの猩紅熱を看病しているうちに彼女自身が感染し死亡した。猩紅熱では全身に発疹が広がる。死の入り口の病すらも、ヴィクターの母の死では美を蝕むものとして描かれる。

母の死を語るヴィクターの言葉では「あの最も取り返しのつかない災い」と死が表現されたり、「永遠に去った」、「もはや二度と（声が）聞かれない」と死の不可逆性が言われたりする（第一巻第三章、四五頁）[1]。また、死は「あの野蛮な手（rude hand）によって大切な縁者と無理矢理引き離されたことのない人がいようか」と野蛮な手として、あるいは「その強奪者（spoiler）が捕らえていない者がいる限りは」（第一巻第三章、四五頁）と強奪者（spoiler には損なって台なしにする者という意味もある）として捉えられている。怪物はいつも手で首を絞めて人を殺すが、それはヴィクターが思い描く rude hand としての死のイメージと重なる。後に、ヴィクターは殺されたエリザベスをかき抱いた時のことを「四肢の死んだようにぐったりした様子と冷たさは、私が今両腕に抱いているものが私がかつて愛し慈しんだエリザベスではなくなってしまっていることを私に告げた」（第三巻第六章、一九九頁）と語る。その言葉には愛する者の身体も命が失われれば死体でしかなくなるという、生と死を隔てる壁の厚さの認識が表れている。

死の不可逆性、生と死を隔てる壁の厚さについてのヴィクターのこうした認識は、人造人間の制作に没頭している時の心境を述べる次の一節の最初の一文と一見相容れない。

生と死は私には想像上の境界に過ぎないと思われました。その境界を私が最初に突き破り、私たちの暗い世界に光の奔流を注ぎ込むのです。新しい種《しゅ》が私をその創造者や源として祝福するでしょう。多くの幸福で優れた性質が私にその存在を負うことになるのです。どんな父親も、私が被造物たちから受けるに値するほど完全に子供から感謝の念を要求することはできないでしょう。こうしたことを思っているうちに、もし生命のない物質に生気を与えることができれば、時がたてば（今は不可能だと分かっていますが）死が見たところ身体を腐敗にゆだねてしまっている場合でも、生命を新たにすることもできるかもしれない、と私は考えました。（第一巻第四章、五五頁）

この箇所の最後で述べられているような死者をよみがえらせることにはヴィクターは成功しておらず、死体を寄せ集めた人工の身体に生命を与えることに成功したに過ぎないが、その限定的な成功によってすらヴィクターは確かに生と死の境界を突破したと言える。その成功に近づいた時、「生と死は私には想像上の境界に過ぎないと思われ

（1）『フランケンシュタイン』からの引用は Mary Shelley, *Frankenstein; or, The Modern Prometheus*, Revised Ed. Maurice Hindle (ed.), London : Penguin, 2003 から訳出し、括弧内に巻と章と頁を示す。この版は一八三一年の改訂版に準拠している。

ました」と彼が思うのも当然である。しかし一方彼は、母の死を通して美しい生を損なう死とその不可逆性を実感として体験している。実感を伴ったそうした体験、生と死を隔てる壁の厚さの認識があるからこそ、ヴィクターはその境界の突破の試みにのめり込み、やがてその境界が想像上のものに過ぎないという認識にも到達するのである。

ヴィクターは人造人間を完成させた後、寝室へ逃げまどろむが、インゴルシュタットの通りを歩いてくるエリザベスを見かけて抱擁するものの、死んで腐敗し帷子《かたびら》の襞《ひだ》には蛆《うじ》のまとわりついた母の遺体に彼女が変化するという悪夢を見て目を覚ます。美しかった母が死に、腐敗していったという思いがヴィクターにとっていかに強い作用を持っているかがその悪夢には表れている。彼は究極的には死者をよみがえらせるという大望を抱いてもいるが、母を失った悲しみがその大望につながっているだろう。しかし、ヴィクターは生と死の境界を突破したことの罰のように、愛する家族や友人を、怪物の手で生と死の境界の向こう側へ連れ去られる。しかし、そのように死の使者のようでありながら、怪物は紛れもなく命を与えられた存在でもある。

二　命を与えること

第二節では、怪物に命を与えたことのヴィクターにとっての重みについて、生命という知覚と感情を持った主体として怪物の遍歴や、生あるものの利己性という問題と併せて考えていきたい。

ウォルトンはヴィクターが名乗ったことを記しておらず、来歴の語りの中で父が錬金術師の著作を読むことの無益さを指摘した時の呼びかけでファースト・ネームが、クラーヴァルがインゴルシュタットで彼に会った時の呼びかけで姓が、明らかになる。怪物の完成の翌朝、町をさまよっていたヴィクターはクラーヴァルと出会い、住まいへ戻る。彼は怪物の不在を確かめクラーヴァルと朝食の席につくが、怪物が姿を消したことの喜びを抑えきれず、手を打ち鳴らしたり、椅子を飛び越えたりする。クラーヴァルは再会した友をそれまで姓で呼んでいたが、この時初めてヴィクターと呼びかけ、一体どうしたのかと尋ねる。ヴィクター（Victor）という名は、科学の成果を人類の自然に対する勝利と捉える考えを想起させ、実際彼は生命創造という勝利を手にする。しかし、その勝利を喜ぶのではなく、創造物がいなくなったことに狂喜している瞬間に「勝者」という名で彼が呼ばれるのには、深いアイロニーが読み取られる。

その前夜、ヴィクターは生命体がついに目を開き、けいれんしながら大きく息をすると、黄色い肌が筋肉や動脈をほとんど隠していない容姿の醜さを急に痛感する。「夢の美は消え失せ」自分が作った「その生き物（being）の外見に耐えられず」（第一巻第五章、五八頁）彼は寝室へ逃げ、「怪物」がベッドをのぞき込むとさらに屋外へ逃げ出す。ヴィクターのこの様子は命の授与の問題に密接に関係している。ヴィクターはいったん命を与えた生き物を殺すことができないのである。彼は怪物の醜さに気づいたからといって、それではそれを殺そう、という発想をしない。そばにいるのは耐え難く、しかし殺すこともできず、ヴィクターは逃げ、怪物がいなくなるのをひたすら願う。怪物の失踪を知った彼の狂喜の底にある葛藤は、生命を与えることの非常に大きな重みが引き起こしているのである。

この作品にはまた生命という、知覚を持った主体の誕生を描くという独特さもある。怪物の誕生直後、闇は「触ることも見ることもできない暗く不透明な物体（bodies）が私を取り囲んでいた」（第二巻第三章、一〇五頁）と把握され、五感も未分化である。怪物は人里に出て攻撃され人間を避けてさまようううち、フランスから追放されたドゥ・レイシー家が住む田舎家に隣接した小屋に住み着き、その一家に加わったアラビア人女性が教育されるのを壁の隙間から見聞きして言葉や文字、地理や歴史を学ぶ。また、偶然入手したプルタルコスの『対比列伝』、ミルトンの『失楽園』、ゲーテの『若きウェルテルの悩み』の仏訳本も読む。ヴィクターの住まいを出る時に持って出た衣類のポケットに入っていた手記によって自分の誕生の経緯も知る。怪物はドゥ・レイシー家との交流を切望するが醜さ故にかなわず、激しく絶望し、ヴィクターが帰郷する少し前にジュネーヴにたどり着く。

怪物の語る来歴は、人が生来の美しい性質にもかかわらず、周囲から向けられる憎悪のせいで極悪人となり得ることを、類例のない迫真性とともに訴えかける。怪物はジュネーヴのすぐ外でヴィクターの幼い弟に出会って殺害し、彼が首に掛けていた母の細密画を近くの納屋で眠っていたジャスティン（ヴィクターの母が引き取り、家族の一員に近い扱いをしていた娘）のポケットに入れ、殺人の疑いがかかるようにする。ヴィクターはジュネーヴ近くで怪物を見かけ、怪物が犯人だと確信するが、怪物創造のこともその確信も周囲には打ち明けず、ジャスティンが刑死するにまかせる。

ジャスティンは判決後、牧師に破門や地獄の業火のことで脅され、無実でありながら偽って罪を告白する。偽りの告白をしてしまうほど、破門や地獄が恐ろしく感じられることはヨーロッパ人の死の観念の興味深い特徴を示している。しかし、牧師に脅されるうちに「自分が彼が言う通りの怪物であるとほとんど思い始めたほどでした」（第一巻第八章、八八頁）と言う彼女の言葉は、彼女と怪物の象徴的な類似性の観点から重要である。彼女は引き取られる前の実家で子供の中で唯一母親から憎まれて育った。偽ってとはいえ彼女が怪物の犯した罪を自分の罪として告白するのは、親から憎まれた者どうしの絆を象徴する。

ジャスティンの刑死について語る時、ヴィクターは「生と死の間の恐ろしい境界を明日通り過ぎることになるその哀れな犠牲者も、私が感じたほどの深く苦い苦悩は感じなかった」（第一巻第八章、八九頁）と、自分が誰よりも苦悩したと主張する。彼女の刑死の後、憔悴の激しいヴィクターを元気づけるために一家は旅行し、その折一人で山中深くへ出かけたヴィクターに怪物は来歴を聞かせるのだが、怪物も自分がいかに苦悩したかを雄弁に語る。自分こそが最も苦しんだと考えがちな利己性が生あるものの逃れがたい性質であることを作品は描いているようである。

三　妻を犠牲にしてでも怪物を生かす

来歴を語った時、怪物は孤独を訴えて伴侶を造るようヴィクターに求める。同じように醜い女性なら彼は拒絶されず、自分たちは南米でひっそり暮らすと言う。深い利己性の表れと言うべきだが、怪物は自分の誕生をひどく呪いながら、女性の怪物にとってその誕生がどれほど呪いと感じられるかを想像せず、女性が自分を受け入れると楽観もする。ヴィクターは造り主として怪物の願いに応じなければならないと考えて承諾するが、その承諾には怪物を遠くへ去らせたいという、ヴィクターの側の利己性が大きく作用してもいる。

この頃、ヴィクターの父はエリザベスとの結婚を勧めるが、ヴィクターは怪物との約束をその前に果たす必要を感じる。女性を造るための知識をロンドンで得る必要もあり、ヴィクターはクラーヴァルとイギリスへ向かい、途中で友と別れスコットランドの貧しい島で作業に取りかかる。しかし、完成間際、彼は怪物たちが子孫を増やし人類の脅威となる可能性を思い、女性の怪物を破壊する。男性の怪物はヴィクターの旅をずっと見張っていたが、この時姿を現し、ヴィクターの約束違反を責め、「お前の結婚の夜、現れてやる（I shall be with you on your wedding-night）」（第三巻第三章、一七三頁）と警告する。

ヴィクターはこの言葉に「悪党め！　私の死刑執行状に署名する前に、お前の身に気をつけろ」と叫んでつかみかかるが、ヴィクターによって大柄に造られ超人的な運動能力を与えられている怪物は身をかわし舟で本土へ去る。この場面でも、山中で会った場面でも、ヴィクターは怪物と戦おうとするが、怪物が人間が素手で倒せる相手ではないことには注意が必要である。無意識のうちに無理だと分かっていて戦いを挑み、しかも、戦いを挑んだことで、自分は怪物に殺意を抱いているとヴィクターは自分自身に思い込ませるのである。ヴィクターは怪物が次に誰を復讐の犠牲者にするかを思い身震いする。しかし、怪物の警告を思い出した時、自分ではなくエリザベスが殺される可能性には思い至らない。

命を与えた後、怪物を殺さなかったのと対照的に、ヴィクターは完成寸前の女性の怪物は破壊したが、それでもあたかも殺人を犯したかのような罪悪感を覚える。ヴィクターは舟で沖へ出て女性の怪物の残骸を捨てるが風で島へ戻れなくなり、死の恐怖におびえる。ヴィクター自身も自己矛盾に気づくが、それまで自分の苦悩を語る時、彼はしばしば死への願望を口にしていた。船はやがて陸に漂着するが、ヴィクターは殺人犯として捕らえられる。クラーヴァルが前夜、近くの海岸で殺されていたからである。裁判ではもといた島の住人がヴィクターのアリバイを証言し、彼は駆けつけていた父と帰国する。ヴィクターは長く錯乱状態にあったが、やがて回復し、エリザベスと結婚式を挙げる。

怪物の警告は、クラーヴァルの殺害があった後では特に、エリザベスを殺すということだと当然推測される。しかし、結婚式のあった日の晩も「突然私は、程なく予想される戦いが妻にとってどれほど恐ろしいかを思い」、エリザベスを部屋に一人で下がらせる。しかし、やがて悲鳴がし「それを聞いた時、全ての真相が私の心に殺到し、私の腕はだらりと垂れ、全ての筋肉と組織の動きは中断した。私は血管の中を血が滴るように流れ、四肢の先でひりひりするのを感じることができた。この状態はほんの一瞬続いただけで、再度の悲鳴が上がると私はその部屋へ走った」（第三巻第六章、一九九頁）。しかし、エリザベスは既に息を引き取っており、窓に怪物が一瞬顔をのぞかせ、ヴィクターは駆け寄ってピストルを発射するが、怪物は湖に飛び込んで去る。

ヴィクターがエリザベスに危害が及ぶことを思いつかなかったことの不自然さは、どう考えるべきだろうか。一つには、ヴィクターが死への願望を度々口にしながら、無意識のうちに死を恐れ、エリザベスを犠牲にして自分の命を守ろうとしたという心理が考えられる。一度誕生した命が、死を避け存続し続けようとすることは怪物を通しても描かれていた。また、今一つには、彼がエリザベスを犠牲にしてでも、怪物創造の秘密を知られまいとした、という心理も考えられる。ヴィクターはエリザベスに結婚式の翌日に今は話せない一連の出来事を話すことを約束していた。怪物を滅ぼした後にも、彼は自分の身近な人々に、怪物創造を知られるのは耐え難かったのかもしれない。

第三には、怪物への激しい憎悪と殺意を語りながらも、ヴィクターは怪物を殺すことを無意識に避けようとした、ということが考えられる。その夜エリザベスのそばにずっといれば彼女を殺しに来た怪物と間近で対決することになり、ヴィクターはこの時点ではピストルを持っているので、怪物を殺すか、怪物も火器を持っていた場合、自分が殺されるかのどちらかになることは避けられない。ヴィクターが自分の死を恐れていた可能性は既に指摘したが、それと同様に、あるいはそれ以上に、彼は自分が命を与えた怪物を殺すことを避けようとしたのである。彼は命中の可能性が高くない距離になってからピストルを撃つが、怪物を殺さないためにエリザベスを犠牲にしたことを自分の心から覆い隠すように、あるいは、怪物への自分の殺意を自身に証すように、発砲するのである。

これらの三つの無意識の心理のどれか一つによってではなく、三つが混じり合ってヴィクターはエリザベスを犠牲にしてしまったのだと考えられるが、その心理の一つには怪物を殺すまいとする心理があった。ヴィクターの父は度重なる災いにうちひしがれて間もなく死に、ヴィクターは財産を処分して、世界中、怪物を追い回す。怪物はヴィクターを憎みながらも、彼だけがこの世で唯一絆のある存在で、追跡が不可能にならないよう手がかりや食料を残す。しかし、この憎悪と愛の入り混じった感情は、怪物からヴィクターへの一方向のものではない。ヴィクターが殺そうとしているつもりで追っているのは、彼が妻を死なせても殺すのを避けた愛の対象とすら言い得るものである。自らが創造した生命の醜さに耐えられない気持ちを描く一方、作品は、ヴィクターと怪物の関係を通し、自らが与えた命は決して奪えないという、命を与えることの非常に大きな重みを描いてもいる。

おわりに

作品の終わり近く、氷に阻まれ帰還を余儀なくさせられたことをウォルトンは次のように姉に書き送る。

賽《さい》は投げられました。私は帰還することに同意したのです。帰還すると言っても、このままここで破滅せずにすめばの話ではありますが。こうして私の希望は臆病さと優柔不断さのせいで潰えます。私は無知なまま失望して戻ります。この不公平（injustice）に辛抱強く耐えるためには、私が持っている以上のあきらめが必要です。（第三巻第七章、二一八頁）

この手紙で注目されるのは「不公平」という言葉である。ウォルトンは確かに探検のために多大な努力を重ねてきたが、失敗の可能性は最初から十分覚悟していなければならない。失敗という結果を「不公平」と呼ぶウォルトンは、願望に添うものだけを「公平」と捉える利己性に無意識のうちに陥っている。しかし、そうした利己性はヴィクターと怪物の双方が深く陥っていたものでもある。ヴィクターは怪物を捨て去ったことを棚に上げて怪物への怒りの正当さを熱く語り、怪物は自分が受けた仕打ちのひどさを訴えて殺人を雄弁に正当化する。しかし、ウォルトンはヴィクターの語りから過剰な探究心の危険さを悟る様子がないのと同様に、ヴィクターと怪物の雄弁さが覆い隠す自己正当化の利己性も悟らず、ヴィクターの語りから何も学ばないまま、探検の結果を「不公平」と捉える。

ヴィクターと怪物とのウォルトンのこうした類似性は生あるものの利己性を強く印象づける。利己性という点では、ヴィクターが怪物を殺さないのは一見非利己的だが、命の授与の重みはそれを与えてしまった後で急に悟ったのであり、彼は功名心という利己的なものに駆られて生と死の境界の突破につき進んだのだと考えられる。生と死の対比の表現を第一節で見たが、「怪物」の原語 monster がラテン語の monstro（見せる、表す）から派生しているように、命を与えることの重みを悟ってもなお逃げ出さずにいられない怪物の外見のおぞましさに、生と死の最大の対比は表れているだろう。しかし、死んでいるはずのものが動き、生と死という結び合わされ得ないものが無理矢理結び合わされた外見にもかかわらず、怪物は私たちと変わらない命と感覚と感情を与えられている。怪物から逃亡したり、エリザベスを犠牲にしてでも怪物を守ったりしたヴィクターの葛藤とともに、怪物の苦悩を通しても、『フランケンシュタイン』は命の授与の重みを表現しているのである。

参考文献

① Goodall, Jane, "Electrical Romanticism," *Frankenstein's Science: Experimentation and Discovery in Romantic Culture, 1780-1830*, Christa Knellwolf and Jane Goodall (ed)., Burlington, VT : Ashgate, 2008, 117-32.
② Shelley, Mary, *Frankenstein; or, The Modern Prometheus*, Revised, Ed., Maurice Hindle (ed)., London : Penguin, 2003.
③ Shelley, Mary, *Frankenstein: The 1818 Text, Contexts, Criticism*, 2nd ed., J. Paul Hunter (ed)., New York : Norton, 2012.
④メアリー・シェリー、森下弓子訳『フランケンシュタイン』創元社、一九八四年

10 アーネスト・ヘミングウェイの描く戦争と死

高野泰志
（アメリカ文学）

はじめに

アーネスト・ヘミングウェイは一九二四年、本文三十ページの小品集をわずか百七十部、パリで出版した。『ワレラノ時代ニ』（*in our time*, 1924）と名付けられたこの作品集は、いずれも戦争や殺人、闘牛など、生死の境を描いたスケッチから構成されている。各スケッチは第一章から始めて合計一八の章として並べられている。それぞれが一ページ、多くても二ページ程度の非常に短い文章ではあるものの、そのどれもが言葉を極限まで切り詰め、磨き上げ、衝撃的な情景を生々しく描き出したきわめて完成度の高い作品となっている。

この『ワレラノ時代ニ』には全十八章のうち、戦争を描いたスケッチが全体の三分の一にあたる六編収められている。ヘミングウェイは作家活動の最初期から、戦争を描く作家であったと言えるだろう。ヘミングウェイは第一次世界大戦、スペイン市民戦争、第二次世界大戦など、大きな戦争が起こるとその都度、戦場に行って、戦争を体験した作家であった。第一次世界大戦を描いた作品は、『ワレラノ時代ニ』を除いて長編二作、短編八作を、スペイン市民戦争を描いた作品は戯曲一作、長編一作、短編五作を数える（すべて死後出版は除く）。しかし奇妙なこ

表10－1　第一次世界大戦を描いた作品

出版年	作品名
1924	『ワレラノ時代ニ』
1925	「とても短い話」（“A Very Short Story”）
	「兵士の故郷」（“Soldier's Home”）
	「大きな二つの心臓の川」（“Big Two-Hearted River”）
1926	『日はまた昇る』（*The Sun Also Rises*）
1927	「異国にて」（“In Another Country”）
	「身を横たえて」（“Now I Lay Me”）
1929	『武器よさらば』（*A Farewell to Arms*）
1933	「耐えがたい苦境」（“A Way You'll Never Be”）
	「死者の博物誌」（“A Natural History of the Dead”）
1938	「キリマンジャロの雪」（“The Snows of Kilimanjaro”）

表10－2　スペイン市民戦争を描いた作品

出版年	作品名
1938	『第五列』（*Fifth Column*）
	「密告」（“The Denunciation”）
	「蝶々と戦車」（“The Butterfly and the Tank”）
1939	「戦いの前夜」（“Night Before Battle”）
	「分水嶺の下で」（“Under the Ridge”）
	「誰も死なない」（“Nobody Ever Dies”）
1940	『誰がために鐘は鳴る』（*For Whom the Bell Tolls*）

とに、第二次世界大戦を描いた作品に関して言えば、生前に発表されたものは『河を渡って木立の中へ』（*Across the River and Into the Trees*, 1950）という作品ひとつだけなのである（表10－1・2参照）。

一般的にヘミングウェイは時に「戦争作家」と呼ばれ、常に戦争を描き続けた作家と言われていたが、にもかかわらずいったいなぜ、ヘミングウェイは徐々に戦争を描けなくなっていったのか、いったいなぜ第二次世界大戦を描いた作品をほとんど残せなかったのか[1]。本章ではこの大きな謎に迫ってみたい。

一　スケッチ「第七章」精読

まずは『ワレラノ時代ニ』から「第七章」と題されたスケッチをじっくりと精読してみよう。以下がこのスケッチの全文である。

ニックは教会の壁にもたれかかっていた。通りの機関銃掃射が当たらないように引きずってこられたのだ。両脚がおかしな方向につきだしていた。背骨を撃たれていたのだ。顔は汗まみれで汚れていた。太陽が顔に照りつけていた。とても暑い日だった。リナルディは大きな背中をしていて、装備はあちこちに散らばり、壁に向けて顔を下に横たわっていた。ニックは輝かしくまっすぐ前を見ていた。反対側の家のピンクの壁は屋根からはがれ落ち、鉄のベッドの骨組みが通りの方にゆがんでつきでていた。ふたりのオーストリア人が家の陰の瓦礫に埋もれて死んでいた。通りの向こうにも死体があった。戦闘は町の向こう側に向けて移動している。いい具合に進んでいた。じきに担架兵が現れるだろう。ニックは注意深く頭を横に向け、リナルディを見下ろした。「なあ、リナルディ。なあ。お前とおれは単独講和を結んだんだ」リナルディは太陽の中、じっと横たわり、苦しそうに

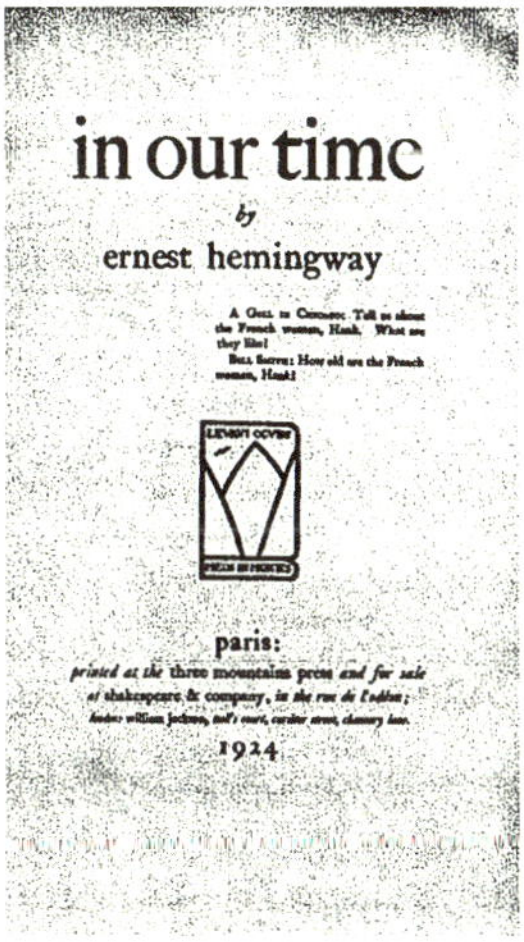

図10－1
『ワレラノ時代ニ』表紙

（1）大森昭生は書けなかったのではなく、「出版をためらった」としている［文献①二五二頁］。なお本章を書くにあたって、大森論文に非常に大きく依拠している。

呼吸していた。「愛国者じゃないな」ニックは汗を浮かべて笑いながら、注意深く頭を元に戻した。リナルディに聞かせてもがっかりするだけだった。［文献⑥二一頁］

非常に短い文章を積み重ねているが、これがヘミングウェイの初期の文体の大きな特徴である。単文を積み重ねることによって独特の効果を生み出している。特に冒頭、ニックの脚、背骨、顔とまるでカメラが下からなめるようにして、ニックの全身を徐々に映し出していく。「おかしな方向につきだして」いる両脚は、背骨を撃たれて重傷を負っているためであると分かり、最終的にカメラは太陽にまで上昇していくのである。

ニックの傍らにはやはり負傷したリナルディという人物がいるが、彼は「顔を下に横たわって」いるという不自然な姿勢をしていることから、ニック以上に重傷を負っているようである。そしてそうやって顔を下に向けるリナルディとは違い、ニックの方は顔をまっすぐ前に向けている。この「ニックは輝かしくまっすぐ前を見ていた」(Nick looked straight ahead brilliantly.) という文は非常に奇妙である。「輝かしく」と訳したが、"brilliantly" という副詞は、普通は動詞を修飾して「見事に、鮮やかに」という意味を表す。負傷して動けず、まっすぐ前方を見つめるニックの動作とはうまくかみ合わないのである。先の文章で太陽が当たっていると書かれていたことを思い出せば、おそらくは光に照らされていることを伝えているのだろうと推測できる。しかしこの動詞と副詞の組み合わせの齟齬、そしてリナルディの「下に」向けた顔との対比から、また冒頭の視線の上昇のイメージも相まって、読者はニックが何か神々しいようなイメージで捉えられているという印象を受ける。

通りを隔てた向かい側に敵国オーストリアの兵士がふたり死んでいるのが見える。こちら側にニックとリナルディのふたり、向こう側にも同様にふたりの兵士がいるという対比が見られる。ただし敵の兵士はふたりとも死んでいる。ピンクの壁は普通の民家のものであろうが、ニックたちが横たわっているのは教会の壁である。これはニックたちが神に守られていることを意味しているのだろうか？　先の太陽に照らし出されたニックの輝かしい顔を思い出すと、神の恩寵に守られているようにも見える。しかし第一次世界大戦という近代兵器を用いた大量殺戮を目の前にして、人々が神への信仰を失っていった時代であるということを考えると、むしろこの状況自体が皮肉に見えてくる。神が存在するなら一体なぜこのような無差別大量殺戮が行われるのか。実際はどこにいようと兵士たちは無差別に殺されているのにもかかわらず、ふたりだけが神の光に照らし出され、まるで教会に守られているかのように瀕死の状態で生き残っているのである。

状況の皮肉であるとする解釈が妥当であるように思えるのは、続くスケッチ「第八章」でも同じパターンが繰り返されるからである。ここで名前のない兵士は塹壕の中で汗をかいて横たわり、ひたすら神様に「どうか助けて下さい」と祈り続ける。その後、オーストリア軍の爆撃は前線に沿って移動していき、兵士は助かる。これもまるで神への祈りが叶ったかのような皮肉な状況を描き出していると言えるだろう。

もとのスケッチに戻ると、ここでもう一点見逃してはいけないのが、鉄製のベッドの枠組みである。この「通りに向けてゆがんだ」ベッドの枠組みは、もちろん冒頭のニックの「おかしな方向につきだした脚」と対比されている。第一次世界大戦は、近代兵器や負傷兵を修復するのに使われたテクノロジーなど、しばしば機械のイメージで捉えられるが、ニックの脚とベッドの鉄製の脚とが対比されることで人間の身体が壊されるモノとして表象されることになる。

他にも死体が転がっている様子が特に何の感情を交えることもなく語られている。死体は敵の兵士のものなのか、危険は徐々に遠ざかっていき、助けも現れることが期待できる。しかしここに描かれている様子は決して味方の軍隊の華々しい勝利ではなく、近代兵器を用いた戦闘の後に残された、破壊の跡と死体の数々である。「いい具合に進」むとはつまり、敵兵の死体がまだまだ積み重ねられていくことに他ならない。助かるかもしれないことへの喜びというよりは、むしろそのような状況に追い込まれたことの不条理が読み取れる。

冒頭からニックは汗をかきながらまっすぐ前を向いていることが描かれているが、リナルディに話しかけるときに「注意深く」という単語が二度も繰り返されているように、どうも背骨を傷つけられて、顔の向きを変えるのも難しいらしい。汗をかいているのも、太陽が当たっているからというだけではなく、負傷による痛みもあるのだろう。

そんな状況でのニックのセリフには、このスケッチでもっとも重要な語が現れる。一般的に「単独講和」と訳される、"separate peace"という言葉である。本来は同盟国がまだ戦争を続けている状況で、自国のみ敵国と講和をすることを意味する。ここではもちろん文字通り、教会の壁に守られたこの場所だけが「別個の平和」であることを意味すると同時に、国どうしは講和しているわけではないのに、自分たちだけ負傷したせいで戦場から排除されてしまう――したがって自分たちだけ戦争から手を切ることになる――ことを意味しているのである。当時イタリアは熱烈な愛国者ガブリエル・ダヌンツィオの演説などにあおられ、次々と故国を守るために若者たちが戦争に志願していた[2]。リナルディとふたりきりで単独講和を結んだニックは、だからこそここでそういった「愛国者」の条件からもはや外れてしまったことを、冗談交じりにリナルディに語りかけているのである。もはやお国のために戦うことはできない、と（もちろんニック自身がアメリカ人であることから、そもそもが「愛国者」としてイタリアを守るいわれはない。その意味で二重の冗談である）。しかしリナルディはこのニックのジョークに答えない。むしろ呼吸をするのも困難な様子から見て、答えられないのだろう。ニックもそのことは分かっていながらも、リナルディが返事をしないことに対して、「がっかりだ」と言っているのである。

少し丁寧にこのスケッチを読んでみたが、このようにこのスケッチは非常に短いながら、様々な要素を凝縮し結晶させているきわめて密度の高い作品である。わずか数行で第一次世界大戦の無差別殺戮を生々しく描きながら、戦争の本質である機械のモチーフを塗り込め、心のよりどころとしての宗教が機能しない様を読者に伝えているのである。そしてもう戦争とは手を切ったというニックに対して答える者すらいない状況は、人間の意志などこの世界では何の重要性も持たないと言っているかのようである。

二　戦争へのあこがれと幻滅

ここでヘミングウェイの戦争体験を少し考えてみたい。第一次世界大戦が始まったとき、ヘミングウェイはまだ十五歳の少年であり、アメリカがこの戦争に参戦する一九一七年の時点では十八歳であった。それでもヘミングウェイは高校生の頃からずっと戦争に行きたいと強く望んでいた。しかしヘミングウェイは生まれつき右目が悪かったために、軍の身体検査に通らなかったのである。当時、彼は姉に向けて次のような手紙を書いている。「僕たちはみんなお母さんのように目が悪いんだ。けれども僕は、こんな目でも何とかヨーロッパへ行くつもりだ。今度みたいな大事件を、現場に行かずにやり過ごすなんて僕にはとうていできない」。これは若者らしい好奇心の表れであると考えられるだろうが、それ以上に戦争に行くことが勇気を試すことにつながるという考えもあったはず

（2）　ヘミングウェイは後に「ダヌンツィオ」という詩を書いている。「五〇万の死んだイタ公どもノそのせいでやつはいきり立ったノくそったれめ」という三行の詩であるが、多くのイタリア人を死に追いやって、なおその事態を悔いるどころか興奮していきり立つダヌンツィオに批判の目を向けている。［文献⑦二八頁］

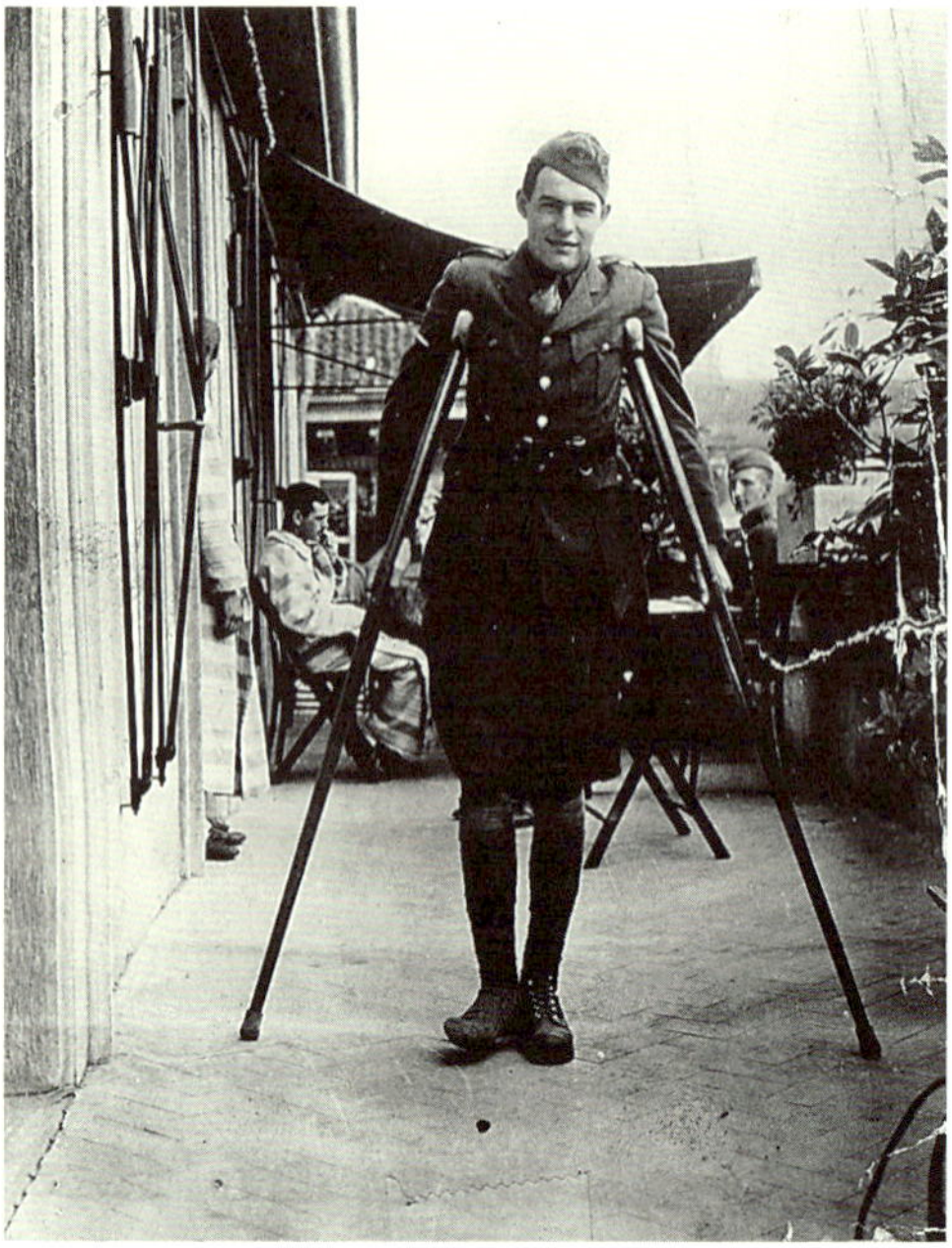

図10－2　第一次世界大戦で負傷したヘミングウェイ

である。ヘミングウェイが育った時代、たとえばセオドア・ローズヴェルトなどに代表的に見られるように、男は男らしく精力的に生きなければいけないという当然の感覚があった。したがって「男らしい」男というのは、厳しい状況に身を置いて自分の勇気と力を試さなければならないものだ、とヘミングウェイも考えていたらしいのである。

若いヘミングウェイは世界中を巻き込んだ戦争の最前線に立って、自分の勇気と力を試したいとずっと考えていた。そして戦争に行って戦う人義があるとも考えていた。第一次世界大戦は当時「すべての戦争を終わらせるための戦争」というスローガンで呼ばれ、いわばこれ以上戦うことのない平和な世の中をもたらすための戦いであると考えられていたのである。

軍隊に拒否されたヘミングウェイは、その後アメリカ赤十字に加わり、傷病兵運搬車の運転手としてイタリア戦線に向かう。そしてたまたま塹壕にオーストリア軍の迫撃砲が命中したせいで、瀕死の重傷を負うことになるのである。通常であればとうてい動けないような怪我をしながらヘミングウェイは、そばにいた重傷のイタリア兵を抱え、司令所へと走るが、五十ヤードほど走ったところで今度は機関銃掃射で狙われ膝を撃たれてしまう。そこからさらに百ヤードほどを、その負傷兵を見捨てることなく司令所までたどり着いたのである。まさに戦争に行く前に思い描いていたような勇敢な行動をしてのけたのだということになるだろう。このときの功績で、ヘミングウェイはアメリカ人としては初めて、イタリアから勲章をもらうことになるのである。

しかしその後作家デビューしてから十年ほどの期間、ヘミングウェイが書く戦争作品は、どれもヒロイックな主人公を描くことはない。負傷兵が看護師の恋人に捨てられる物語であったり、戦争から帰った兵士が故郷に溶け込むことができずに無為に時を過ごす物語であったり、いずれも戦争から帰った主人公は身体や心に傷を抱えて社会から疎外感を感じている。『武器よさらば』は第一次世界大戦の経験を描く物語の集大成であるが、これもまた主人公が軍隊を脱走して「単独講和」をする物語である。ここで描かれているのは、まったく意味もなく偶然に殺されていく兵士たちの姿なのである。言ってみればスケッチ「第七章」と同様、ヘミングウェイは一貫して戦争の無意味さを描き続け、反戦を訴え続けた作家であると言えるだろう。

後にヘミングウェイはこう語っている。「この前の戦争に行ったとき、私はとんでもない馬鹿だった。よく覚えているが、自分たちがホームチームでオーストリアの方が遠征チームだと考えていたのだ」［文献④三八頁］。また、第二次世界大戦に向かう前には新聞記事で「かつて祖国のために死ぬのは甘美でふさわしいことだと書かれてあった。しかし近代戦争では、死ぬことに甘美さやふさわしさは何もない。埋由もなく犬のように死ぬだけだ」［文献⑤二〇九頁］と書いている。つまり、かつて若くナイーブだった少年時代、ヘミングウェイは戦場が勇敢さを試す場であり、母国のために犠牲になるのは尊いことだと考えていた。しかし実際の戦場を目の当たりにし、そして負傷をするという経験を通して、戦争の無意味さ、醜さを学んだのである。そして作品では一貫して近代戦争の不条理を描き続けた。

三　矛盾する戦争観

しかし、そう簡単には結論づけられない。ヘミングウェイは帰国後、実際には故郷オークパークの町でヒーローとして迎えられた。初期の短編「兵士の故郷」の主人公は、故郷に受け入れてもらえず、孤独に日々を過ごすが、ヘミングウェイはそれとはまったく異なった受け入れられ方をしたのである。自分が卒業した高校に呼ばれて講演に行ったときは、銃弾で穴の開いた服を持っていき、あこがれの目で自分を見つめる後輩たちの視線に酔いしれていたのである。またヘミングウェイは赤十字に所属していたので、軍隊にいたわけではないが、わざとイタリアの軍服をしつらえてそれを着て歩いたりもしていたことが知られている。少なくとも負傷直後のヘミングウェイの行動を見る限り、作品で描かれるような深刻な後遺症に悩まされたり、戦争に対する失望と幻滅を苦々しく感じていたり、ということはまるでなかったように見えるのである［文献⑪］。

ヘミングウェイが作家デビューして間もない一九二五年、少し先輩であるF・スコット・フィッツジェラルドに次のような手紙を送っている。「戦争はすべてにおいて最良の主題である。戦争は最高の素材を集めてくれて、行動を早め、人生をかけて待たなければ手に入らないようなあらゆるものを引っ張り出してくれる」［文献⑧一七六頁］。この手紙の文章がヘミングウェイの本意であるのなら、ヘミングウェイは戦争に幻滅するどころか、むしろ作品を書くためのいいネタを仕入れることのできる格好の機会と捉えていたことになるだろう。果たしてヘミングウェイは、作品で描いているように、本当に戦争を憎んでいたのだろうか。

そういう疑いが妥当であるように思えるのは、その後のヘミングウェイの戦争との関わり方が、きわめて好戦的に見えてくるからである。スペイン市民戦争は第二次世界大戦の前哨戦と言われた戦争であるが、この戦争が勃発するとヘミングウェイは当時書きかけていた『持つと持たぬと』を非常に中途半端な状態で切り上げて出版社に送り、そのままスペインに向かう。

また第二次世界大戦の際には、自分の持っていた愛艇ピラール号を改造し、マシンガンやバズーカ砲を積み込んで、カリブ海でドイツの潜水艦Uボート狩りをしたりしようとしていた。新聞記者としてヨーロッパ戦線に行ったときには、ノルマンディ上陸作戦に随行し、チャールズ・ラナム大佐率いる第二十二歩兵連隊と行動を共にする。パリへの進軍の途中では、新聞記者という立場にもかかわらず、勝手に軍事行動をとって、後に軍法会議にかけられたりもしている。こういう勇ましい活躍ぶりを見ていると、ヘミングウェイはその作品から想像されるような反戦作家などではまったくなく、むしろ戦争にあこがれていた少年時代と何ら変わらない好戦的な人物のように思えてくる。

ではヘミングウェイはそんな自分の活動をどのように説明しているのか。アメリカが第二次世界大戦に参戦した直後の一九四二年にヘミングウェイは『戦う男たち』という戦争小

図10－3　第二次世界大戦中のヘミングウェイ

説のアンソロジーを編集するが、その序文で次のように述べている。

このアンソロジーの編者は、先の戦争、戦争を終わらせるための戦争に参加し負傷したが、戦争そのものを憎んでいるし、間違いを犯し、騙され、欲にまみれ、自国のことだけを考え、野心を抱いたせいで、今回の戦争を引き起こし、避けられないものにしたすべての政治家を憎んでいる。しかしいったん戦争が始まったならば、すべきことはひとつしかない。我々は勝たなければならないのだ。敗北は戦争で生じる最悪の事態を引き起こす。（中略）今我々がすべきことはひとつしかない。我々は勝たなければならない。どんな犠牲を払ってでも、できるかぎり迅速に、我々は勝たなければならない。何のために戦っているかを決して忘れることなく、我々は勝たなければならない。そうしてファシズムと戦いながらファシズムの思想と理想に陥ってはならないのだ。［文献⑩五頁］

そもそも第一次世界大戦を描くヘミングウェイ作品で一貫して主張されていたのは、戦争そのものの無意味さ、不条理さであった。ところがここに見て取れるのは、同じように戦争を憎むと言いながら、ファシズムとの戦いには勝たなければならないというメッセージである。つまり戦争に対する敵意以上にファシズムへの敵意の方が強いのである。しかし「ファシズムを倒すため」という大義名分も、「すべての戦争を終わらせるため」という大義名分と何が違うというのだろうか。第一次世界大戦の大義が結局有名無実のものに過ぎず、それを信じたことがヘミングウェイの言うように「とんでもない馬鹿だった」のならば、「ファシズムを倒すため」という大義を信じることもまた「とんでもない馬鹿」なことにはならないのだろうか。そう考えるとどうもこの『戦う男たち』の序文での主張は、自分が戦争と関わることへの言い訳をしているように見えてくるのである。

もちろんヘミングウェイは戦場で人が次々と無差別に殺されていく残酷さ、無意味さを学ばなかったと言っているのではない。そうであればスケッチ「第七章」のような作品を生み出すことはできなかっただろう。しかし、そういった戦争に対する敵意と同時に、それでもやはり戦争に行ってそこで勇敢に「男らしく」ふるまいたいという欲望もまた捨て去ることはできなかったのである。初期の頃こそ作中では後者の欲求を抑えることに成功していたが、三〇年代以降、ヘミングウェイは作家というよりアメリカのアイコンとしてのパブリックイメージを確立していった。その中で、戦争で活躍したいという欲望が徐々に抑えられなくなっていくのである。そして戦争を憎みながら戦争を見たいという欲望を捨てられない矛盾が、次第にヘミングウェイの戦争描写をゆがめていくことになるのである。

四　『誰がために鐘は鳴る』の分裂

スペイン市民戦争を描いた『誰がために鐘は鳴る』は、ヘミングウェイの最高傑作のひとつであるが、あまりにも複雑な内容であり、今日に至るまで十分に理解されてこなかった。出版当時、この作品は共産主義者からもファシストからも批判の対象となったが、それはヘミングウェイがどちらの陣営に肩入れするわけでもなく、両者を批判的に描き出していたからである。先ほども述べたように、ヘミングウェイはスペイン市民戦争に関わったとき、共産主義者に協力していたが、実際にファシズムの勢力を食い止めることのできなかった共産主義の問題点にも批判の目を向けているのである。そういう意味でそもそも最初からこの作品は矛盾をはらんでいると言えるのかもしれない。

この長大な作品の中でもっとも優れた描写はおそらく第十章の、戦争が勃発した初日を描いた部分に現れる。とある非常に小さな町で、戦争が始まるやいなや、後にゲリラとなってファシストと戦うことになる人々が、先手をとって町を占拠し、ファシストたちを市役所に閉じ込める。そこへ神父を連れていき、最後の祈りをさせ、死ぬ準備ができたものから自発的に出てくるようにと言い渡すのである。スペインカトリック教会はフランコ将軍率いるファシスト政権を支持していたので、神父もまたファシストの味方であると見なされていた。ゲリラのリーダー、パブロは非常に残酷で、市役所の表の広場に町の人々全員を二列に並べ、それぞれに竿を持たせる。列は断崖絶壁のところまで続いている。市役所から出てきたファシストたちは、自分からその列の間を通らなければならない。そして列の間を通るとき、竿で殴られ続け、最後に絶壁の上から突き落とされることになるのである。このエピソードはパブロの情婦、ピラールによって語られる。


「列に並んだたいていの連中は静かに待っていた。そのうち誰かがこう話しかけるのが聞こえた。『女はいるんだろうか？』

「話しかけられた男は『いないでいてほしいもんだね』と答えた。

「するとまた別の男が『ここにパブロの女がいるぞ。なあ、ピラール、女はいるんだろうか？』と言った。

「その男は日曜日用の正装をした農民で、ひどく汗をかいていた。私は言った。『いいや、ホアキン。女はいない。女は殺さない。どうして連中の女を殺す必要がある？』

「するとその男は言った。『よかった、女はいないんだ。それでいつ始まるんだ？』

「私は言った。『神父が仕事をし終えたらすぐ始まるよ』

「『で神父はいつ仕事をし終えるんだ？』

「『知らないよ』私は答えた。そいつの顔は引きつって、汗が額を流れ落ちていた。『俺は人を殺したことがないんだ』とそいつは言った。
「『じゃあ今日覚えることになるだろうよ』と隣の男が言った。『でもこれで一回殴ったって死にはしないと思うんだが』と、その男は両手で竿を持ち、疑わしそうに眺めた。
「『そいつが見事な点だよ』また別の農民が言った。『何度も殴らなきゃならんのだ』
（中略）
「『何でこんな風なやり方をしなきゃならないんだ、ピラール』男は私に問いかけた。
「『弾を節約するためだよ』私は言った。『それにみんなそれぞれ責任を共有すべきだからね』
「『それなら早く始まればいいのに。早く始まってほしいもんだよ』そいつの方を見てみると、泣いていた。
「『何を泣いてるんだい、ホアキン』と私は聞いた。『泣くようなことじゃないだろう』
「『どうしようもないんだよ、ピラール』彼は言った。『だってこれまで誰も殺したことがないんだから』」
［文献⑨一〇五―一〇六頁］

ここには殺されることの恐怖だけでなく、殺すことの恐怖もまたきわめて克明に描かれている。そしてその後、ひとりまたひとりと殺していくにつれて、徐々に殺すことの恐怖感が麻痺し始め、町の人々はやがて暴徒と化していく。殺すことの恐怖が、さらなる血を求める残虐さに転じていくのである。「そいつの息が首元にかかって、暴徒のにおいみたいなにおいだった。鼻につく、敷石にぶちまけられたゲロみたいなにおい、酔っ払いのにおいだった。それからそいつは頭を私の肩に載せて、口を格子の隙間に押し当てて、叫んだ。『開けろ！　開けろ！』まるで暴徒が私の背中に乗っかってるみたいだったよ。夢の中で悪魔が背中に乗ってきたみたいにね」〔文献⑨一一二頁〕。そして最終的には市役所に押し入り、出てくる覚悟のないファシストたちを神父ともども撲殺してしまうのである。

ファシストと、ファシストを支援する教会とを敵にまわし、民衆はもはやよって立つものをすべて失い、ただの農民から人を殺すことにためらいを覚えない暴徒へと転じていく〔文献③〕。こうやって戦争に翻弄され、無意味に殺されていく人々を描き出すヘミングウェイが、決して戦争を肯定しているわけでないのは明白である。

しかしながらやはりここで大きな矛盾が生じているのが、物語の結末部分である。脚を負傷した主人公ロバート・ジョーダンはゲリラの一団を逃がすために、森の中に残り、追ってくるファシストをたったひとりで迎え撃つ。「そしてもしもう少し〔死ぬのを〕待って、ほんの少しでも奴らを食い止めることができたら、あるいはあの将校を殺ることができたら、事態は変わるかもしれない。たったひとつ、うまくやればもしかすると……」〔文献⑨四七〇頁〕。物語はその後、ジョーダンが現れた将校に狙いをつけるところで終わっているが、この主人公のヒロイックな死に様は、戦争を美化して描くことにつながってはいないだろうか[3]。スペインの民衆が戦争によって翻弄される様子と、ヒロイックに意味ある死を迎える主人公と、この物語はふたつのまったく矛盾する正反対の力で引き裂かれていると言ってよいだろう。

『誰がために鐘は鳴る』という作品は、このように矛盾をはらんだ物語なのだが、実はその矛盾が逆に非常に大きな文学的力を生み出していることもまた事実である。しかし結局ヘミングウェイがどんどん戦争を描けなくなっていくのは、この矛盾が芸術的に昇華させられないまでに大きくなっていったことの表れではないだろうか。先ほども説明したように、第二次世界大戦ではヘミングウェイはまるで子どものように本物の軍隊に付き従って「戦争ごっこ」をしていたようなものである。そのような自分のふるまいと、戦争を悪として描く文学的姿勢との間のギャップは、もはや埋めることができないほど大きくなっていたのである。

おわりに

第二次世界大戦を描いた生前唯一の作品[4]『河を渡って木立の中へ』は、ヘミングウェイの全作品の中でももっとも低く評価されている。この作品もこれまでまともな注目を集めてこなかったのであり、今後読み直しと再評価が必要であることは間違いないが、少なくとも今日まで読者の支持を集められなかった根本的な原因は、この最晩年の時期に戦争を描くこと自体が、ヘミングウェイにとって避けがたく矛盾をはらんでいたことにあったのかもしれない。なぜならここで描かれる主人公は、第二次世界大戦後に戦争の無意味さを語る軍人であるからだ。戦争を憎む軍人という設定そのものが矛盾の上に構築されていると言っても過言ではないだろう。そしてその矛盾とは、ヘミングウェイ本人の戦争への強いあこがれと、戦場で目撃した無意味に殺されていく兵士たちの姿との間に生じた矛盾であったのである。

（3）　大森はこの矛盾を「戦争を憎むべき」としながらもファシズムを打倒すべきであるという「ロストジェネレーションが失った「大義」を見出した」ためであると論じている［文献①二五七―二五八頁］。

（4）　フィクションこそ非常に少ないが、従軍記者として軍に帯同したヘミングウェイは無数のジャーナリズムを残している。これらに関しては［文献①］が非常に詳しく論じている。

参考文献

①大森昭生「「戦争作家」の「真実」――出版されなかった第二次世界大戦――」『アーネスト・ヘミングウェイ――二十一世紀から読む作家の地平――』臨川書店、二〇一一年、二五〇―二六八頁

②高野泰志『引き裂かれた身体――ゆらぎの中のヘミングウェイ文学――』松籟社、二〇〇八年

③高野泰志「革命家の祈り――『誰がために鐘は鳴る』の宗教観と政治信条――」『アーネスト・ヘミングウェイ――二十一世紀から読む作家の地平――』臨川書店、二〇一一年、二〇八―二二六頁

④Baker, Carlos, *Ernest Hemingway: A Life Story,* NY : Scribners, 1969.

⑤Hemingway, Ernest, *By-Line: Ernest Hemingway, Selected Articles and Dispatches of Four Decades,* William White (ed.), NY : Scribners, 1967.

⑥Hemingway, Ernest, *Ernest Hemingway: The Collected Stories,* James Fenton (ed.), London : Random, 1995.

⑦Hemingway, Ernest, *Complete Poems,* Nicholas Gerogiannis (ed.), Rev. Ed., Lincoln : U of Nebraska P, 1992.

⑧Hemingway, Ernest, *Ernest Hemingway: Selected Letters, 1917-1961,* Carlos Baker (ed.), NY : Scribners, 1981.

⑨Hemingway, Ernest, *For Whom the Bell Tolls,* 1940, NY : Scribners, 1995.

⑩Hemingway, Ernest, Introduction, *Men at War: The Best War Stories of All Time,* Ernest Hemingway (ed.), NY : Berkley, 1960.

⑪Villard, Henry S., and Nagel, James, *Hemingway in Love and War: The Lost Diary of Agnes von Kurowsky,* NY : Hyperion, 1989.

11　トーマス・マン『魔の山』
――エロスとタナトスの密封空間――

小黒康正
（ドイツ文学）

死は生の対極としてではなく、その一部として存在する。
村上春樹『ノルウェイの森』

はじめに

ノーベル賞作家トーマス・マンの『魔の山』（一九二四年）は、難解な長編小説であるにもかかわらず、日本の一般読者に比較的よく読まれてきた。岩波書店が二〇〇三年に創業九〇周年事業の一環で発表したアンケート結果「読者が選んだ〈私の好きな岩波文庫一〇〇〉」では、ドイツ文学関係から、ヘルマン・ヘッセ『車輪の下』（実吉捷郎訳、第四〇位）、グリム兄弟『グリム童話集』（金田鬼一訳、第八二位）、ゲーテ『若きヴェルテルの悩み』（竹山道雄訳、第九〇位）とともに、マン『魔の山』（関泰祐・望月市恵訳、第八三位）が選ばれたのである。そもそも日本の作家の中で、吉行淳之介、三島由紀夫、辻邦生、北杜夫、筒井康隆、倉橋由美子、大江健三郎など、マンの小説技法や主題から影響を受けた者は少なくない。また、現代日本の生（あるいは性）と死を描く村上春樹の

図11－1 『魔の山』の表紙

『ノルウェイの森』（一九八七年）は、主人公のハンブルク空港到着場面から始まり、『魔の山』を主人公の愛読書として設定しているなど、さまざまな形でマンの代表作を下敷きにしているのである。

そもそも『ノルウェイの森』執筆の際に村上春樹に多大な影響をもたらした『魔の山』は、いかなる小説であろうか。正確には『魔法の山』と訳されるべき同小説は、スイスのダヴォスにある国際結核療養所ベルクホーフを舞台とし、七つの章を通じて主人公ハンス・カストルプの一九〇七年から一九一四年までの滞在七年間を描く。そもそも主人公は従兄弟のヨーアヒム・ツィームセンを見舞うために三週間の予定で結核療養所を訪れるが、自分自身も肺を病んでいることがわかり、長期滞在を余儀なくされる。そこで彼が見たのは、微視的には世界各国から集まる患者たちの自堕落な生活と死が日常化した日々であり、巨視的には第一次世界大戦前のヨーロッパの社会的・政治的・精神的行き詰まりであり、詰まるところ、エロスとタナトスの密封空間だったのである。

マンは、亡命中の一九三九年五月一〇日、アメリカのプリンストン大学において英語で行った講演「『魔の山』入門」にて、作品の執筆経緯を自ら明らかにし、錬金術、ライトモティーフ、象徴、時間、イニシエーション、聖杯探求などの概念を用いて作品解説を行った。マンは自作に対する言及が世界文学の中でもおそらく最も多い作家だけに、マンの自作講演は『魔の山』読解においていわば饒舌な役割を果たし続けてきた。もっとも、作者による

表11－1　トーマス・マン略年譜

年	事　項
1875年	北ドイツの自由ハンザ都市リューベックに生まれる。
1893年	ミュンヘンに移住。
1901年	小説『ブデンブローク家の人々』。
1903年	短編小説集『トリスタン』(『トニオ・クレーガー』ほか五篇)。
1912年	小説『ヴェニスに死す』。『魔の山』執筆開始。
1918年	評論『非政治的人間の考察』。
1922年	講演『ドイツ共和国について』。
1924年	小説『魔の山』。
1929年	ノーベル文学賞を受賞。
1933～43年	小説『ヨセフとその兄弟たち』。
1933年	亡命。チューリヒに移住。
1938年	アメリカに移住。
1947年	小説『ファウストゥス博士』。
1951年	小説『選ばれし人』。
1952年	ヨーロッパに戻る。スイスに定住。
1954年	小説『詐欺師フェーリクス・クルルの告白 ―― 回想録第一部』。
1955年	チューリヒにて死去。

自作解説も、数多い登山口のひとつにすぎない。『魔の山』は高山峻嶺に富む世界文学においてもひときわそびえ立つ「山」である。それだけにいまだ知られざるルートも今なお少なくない。

本章では以下、『魔の山』の全体像を示すべく、独自の視点で作品梗概を行う。この試みも一つの登山口を示すにすぎないが、本章なりに、深山幽谷に入る意義と楽しみを示したい。

一　誘惑物語

主人公がたどる故郷ハンブルクからダヴォスへの旅、低地ドイツから高地スイスへ道のりは、慣れ親しんだ空間からの単なる離脱ではない。それは慣れ親しんだ時間感覚の喪失である。主人公は曲がりくねるアルプスの路線を走る列車の中で方向感覚を失い、挙句の果てに軽い眩暈に襲われる。列車がダヴォス村駅に到着するやいなや、出迎えにきたヨーアヒムが出し抜けにハンスに下車を促す。放心状態と脈絡を欠いた

図 11－2　キルヒナー『ダヴォスの眺め』(1924 年)

「不意打ち」がさりげなく繰り返し描かれることで、すべての偶然が次第に必然と化す。こうした偶然と必然の力学は『魔の山』の冒頭のみならず、小説前半部全体を支配する。そこでの必然とは、密封空間への主人公の完全な封じ込めに他ならない。

主人公の到着日を描く第一章の後、第二章は一転してハンス・カストルプの生い立ちを示す。家伝の洗礼盤を前にして幼年時代の主人公が覚えた眩暈は、そのまま第一章の眩暈と重なる。また、病んだ時代状況がそのまま個人に反映するという語り手の分析は、退廃的な療養所の雰囲気に対する主人公の関わりを予め示す。第二章は、密封空間に閉じ込められる主人公の素地、運命的な必然を明らかにする。

第三章は再び療養所に舞台を戻し、主人公の滞在初日の経験を克明に描く。ハンス・カストルプは、療養所のさまざまな出来事に初めは怪訝の念を抱くが、平静を装いながら次第に関心を示す。第二章で示されたいわば素地が活かされ始め、主人公はみずからデカダンスの空間に踏み込み始める。しかし、物語は一方的に進むのではない。患者の一人でイタ

図 11－3　ラントクアルト ― ダヴォス間を走る列車

リアの文士であり、進歩的合理主義者であり、西欧デモクラシーの代弁者であるセテムブリーニが登場し、地上の時間感覚を失いつつあるハンス・カストルプを常に諌め、健全な市民生活の世界である「平地」に戻るようにすすめる。このイタリアの文士を一方の極とするならば、ロシアの女性クラウディア・ショーシャは他方の極であろう。このロシア人女性は、合理に対する非合理、ヨーロッパに対するアジア、秩序に対する無秩序を体現する誘惑の女神である。主人公はこのロシア人女性に徐々に魅了されながら、密封空間に封じ込められていく。

滞在二日目から三週間目の終わりまでのその後の展開を描くのは、第四章である。ハンスはセテムブリーニの忠告に耳を傾けながらも、退廃的なショーシャ夫人の虜になっていく。「深淵」への失墜は、少年の頃に出会った友人ヒッペと無意識的に重ね合わせられるショーシャ夫人への愛への高まりとともに進み、その進展はハンスの肉体的変化として現われ、微熱が下がらず、やがて肺に浸潤個所が発見され、彼は滞在延長を余儀なくされる。

更に第五章は、「深淵」に墜ちたハンス・カストルプの封じ込めの完遂を描く。この章の時間の経過は、ハンスが患者として迎えた三週間目の終わりから、滞在七ヶ月目へと進むその間、滞在七週間目に故郷に投函された手紙が示すように、ハンスは平地の市民社会的な時間感覚を失う。また語り手によって「単純な若者」と称されながらも、精神分析学や医学を通じて生の神秘に目を開かれ、より一層「深淵」の時空に迷い込む。このような主人公に対してセテムブリーニは教育者としての使命を忘れず、理性的領域への帰還を促し続けるが、滞在七ヶ月目の謝肉祭の夜、主人公はセテムブリーニの制止を振り切り、ショーシャ夫人のもとへと向かい、彼女に愛の告白をするに至る。「ワルプルギスの夜」の事であった。

以上のとおり、『魔の山』前半部は、「誘惑物語」の体裁をとりながら、一見脈絡を欠いた偶然の描写を巧みに描き、主人公を必然として密封空間に封じ込めていくのである。

二　移り変わり

『魔の山』は後半部、つまり第六章に入るといささか異なる展開を示す。ショーシャ夫人の下山が告げられた後、「その上もうひとり」としてユダヤ人イエズス会士のナフタが登場し、ハンス・カストルプに対する教育者としての支配権をセテムブリーニと争う。こうして第六章の大部分は、政治や宗教などありとあらゆる領域を猟渉する二人の教育者の論争によって占められていく。すなわち、『魔の山』の前半部から後半部への「移り変わり」とは、ショーシャ夫人の下山とナフタの登場を契機とする、「誘惑物語」から「教育的・政治的物語」への変容を意味する。そうした展開の中で、物語は「雪」の節において、「死への共感」を大きく扱う。

ハンス・カストルプは、二度目の冬のある日、スキーをはいて雪の降りしきる死の静寂の中を進む。途中、吹雪に見舞われ遭難し、雪山の中で一場の夢を見る。それは、燦々と陽の光が降り注ぐ南国の浜辺で人々が生を謳歌する姿と神殿の奥で演じられる陰惨な血の宴をめぐる夢であった。そしてまどろみの中でハンス・カストルプは、夢の内容、さらには療養所での自己の経験や二人の教育家の論争について考察し、その結果、一つの理念を獲得して、それを生涯自己の記憶にとどめようと決意する。

ああ、己はこのようにはっきりと夢にみ、見事に『鬼ごっこ』をしたのだ。己はこれを忘れずにいよう。己は心のなかで死への忠誠を守ろう。だが、死と、かつてあったものに対する忠誠は、もしそれがわれわれの思考と『鬼ごっこ』を規定するならば、ただ悪意と暗黒の情欲と人間への敵意を意味するにすぎないということを明白に記憶しよう。人間は善意と愛のために、その思考に対する支配権を死に譲り渡すべきでない。さあ、己は目をさまそう。

ハンスが「冒険」を通じて雪山で獲得した理念は、記憶と忘却の内的連関を通じて、重要な役割を小説中で果たす。「雪」の節には、上記引用中の他に、もう一箇所、イタリック体で書かれた部分がある。ハンスは南国に一度も行ったことがない。「にもかかわらず思い出したのである。」この想起は個人の経験に基づくものでもなく、また覚醒時に行われたものでもない。まどろみの中で行われたハンスの想起は「無名で共同」でみる夢であり、また、意識よりも無意識に基づくものである故に、意識の世界、覚醒状態に戻るやいなや、忘れられてしまう。とはいえ、それは完全に忘却のかなたに消え去ったわけではなく、第六章の最終節と第七章の最終節において再び想起されることになる。

三　双子の章

ハンスが雪山で決意した「生への奉仕」は、第六章の最終節「勇敢な軍人として」と深い内的連関をもつ。自らの決意を忘れて雪山から療養所に下山したハンスに対して、軍務の為に療養所から平地に下山し、この下山が原因で命を落とすのが、従兄弟ヨーアヒムであった。そして第七章が示す心霊術の場面では、霊界から呼び出されたヨーアヒムのまなざしが「静かに優しく見守るように、ハンス・カストルプに、ハンス・カストルプだけにじっと注がれていた」のであり、このまなざしを前にしてハンスは、眼に涙をためながら「すまない」と心の中でつぶやく。ここで『魔の山』はなぜハンスが謝罪の意を表明したのか一切説明を加えないが、その代わり、第六章と第七章の密接な連関を通じて独自の「交差配列」Chiasmusを示す。「生への奉仕」を実践したヨーアヒムの死、そしてその髭の生えた遺体の描写が第六章最終節にあり、ヨーアヒムの代わりに「勇敢な軍人として」戦う前線でのハンスの死、そしていつしか生やした髭の描写が第七章最終節にある。ベルクホーフの医者であるベーレンス顧問官がハンスとヨーアヒムを「カストルプとポルックス」と命名したように、二人の描写の背後にはしばしば双子のモティーフが見え隠れするが、最終場面の戦場でハンスが倒れたときにも「ふたり」が描かれる。

彼は倒れた。（中略）そこにはふたりの兵士が身を伏せていた。――ふたりは友人で、危険を感じてとっさに並んで伏せたのだった。だが、いまや彼らはもうごっちゃになって、消えうせていたのである。

第一次世界大戦の戦場で、ハンスはヨーアヒムの代わりに「勇敢な軍人として」戦い、そして「ふたり」はごっちゃになって消え失せる。このように第六章と第七章は、パラレルな構成と交差する内容によって多様に互いを補い合う双子の章になっていく。

第六章	第七章
「移り変わり」での時間論	「海辺の散歩」での時間論
←	←
ナフタ・エピソード	ペーペルコルン・エピソード
←	←
「雪」	問題の四節
←	←
『軍人として、勇敢に』	「霹靂」
ヨーアヒムの帰山と死	ハンスの下山と「死の宴」
（髭の描写）	（髭の描写）

おわりに

第七章では、「教育的・政治的物語」で主役を演じたセテムブリーニとナフタに代わり、ペーペルコルンが大きな役割を果たす。このオランダ人は、先の二人を単なる「おしゃべり屋」へと矮小化する存在、理性を圧倒する生そのものに他ならない。しかし、この「人物」は、どんなに生を体現していても、齢からくる感情の減退には勝てず、不安のあまり自殺する。小説は、ペーペルコルンの登場と自殺の後、セテムブリーニとナフタの決闘を扱い、

図11－4　トーマス・マン

戦場で行軍する主人公を描いて、幕を降ろす。

但し、『魔の山』はエロスとタナトスの密封空間を徹底的に描いているだけではない。ペーパルコルンの登場と退場には、下山したショーシャ夫人の帰山と再度の下山が伴っている。とはいえ、このときのショーシャ夫人はもはや誘惑の女神ではなく、「誘惑物語」と「教育的・政治的物語」とを総括する第七章にふさわしい役割を担う。すなわち、療養所での経験を主人公に総括させる機会を与えるのである。主人公はショーシャ夫人に次のように言う、「生へ赴く道はふたつある。ひとつは普通の、真直ぐな、真面目な道、もうひとつはよくない道、死を越えていく道で、これが天才的な道なんだ」と。

第七章の「妙音の饗宴」で語り手は言う、『菩提樹』の歌に死ぬ人は「実はこの歌のために死ぬのではなくて、愛と未来との新しい言葉を心に秘めながら、新しい世界のために死ぬ」のであり、その人は「英雄」であると。ハンスはこの歌をこよなく愛し、最後の戦場の場面でも無意識のうちに口ずさんで突撃する。いまや物語の「主人公」は、錬金術的高揚を経て、一人の「英雄」になっていく。小説『魔の山』は、エロスとタナトスの密封空間を描きながら、こうした変容の意味を我々に問うのである。

参考文献

①トーマス・マン、高橋義孝訳『魔の山』新潮文庫、一九六九年（テキストとして使用）
②トーマス・マン、滝沢弘訳「『魔の山』入門」『トーマス・マン全集』第三巻、一九七二年
③青柳謙二「「時の小説」（Zeitroman）としての「魔の山」」『北海道大學文學部紀要』第一三－一巻、一九六四年
④片山良展「トーマス・マン『魔の山』の研究――「時の小説」の成立と構造――」『大阪大学文学部紀要』第一八巻、一九七五年
⑤山口知三「転身の構図――「時代の小説」としての『魔の山』の成立史と構造についての一考察――」『京都大学文学部研究紀要』第二八号、一九八九年
⑥山本佳樹「『魔の山』の第七章」、片山良展・下程息・山戸照靖・金子元臣編『論集　トーマス・マン　その文学の再検討のために』クヴェレ会、一九九〇年
⑦小黒康正『黙示録を夢みるとき　トーマス・マンとアレゴリー』鳥影社、二〇〇一年
⑧田村和彦『魔法の山に登る　トーマス・マンと身体』関西学院大学出版会、二〇〇二年
⑨友田和秀『トーマス・マンと一九二〇年代　『魔の山』とその周辺』人文書院、二〇〇四年
⑩小黒康正「近代日本文学のねじれ――三島由紀夫、辻邦生、村上春樹におけるトーマス・マン――」、九州大学大学院人文科学研究院『文学研究』第一〇二号、二〇〇五年
⑪小黒康正編『トーマス・マン『魔の山』の「内」と「外」――新たな解釈の試み――』日本独文学会研究叢書〇四一号、二〇〇六年

結　生と死を超えて

熊本県水俣市のある漁村の風景
——「生と死の探求」は私たちのすぐ
足もとから始められる

12 生命の海へ

関 一敏
（宗教学）

はじめに

万物に生命をみるかまえを人類学者は「アニミズム」とよんだ［文献⑰］。日本の宗教学者たちはこれに「生命主義」の名を与え、ふだんわれわれの日常感覚に生きているこのかまえが近代の新宗教群に通底してみられることを指摘した［文献⑧］。不思議なことだが、現代にいたってなおこうした感覚が身体の奥底に眠っていることはわれわれ自身も意識することがない。それでも使い古した道具の供養や、ペットの死の悼みかたをみると、意識しないふるまいにこの感覚の表出がうかがわれる。生命に対する信頼感がどこか楽天的な世界の輪郭づけをおこなっているかのようである。この性向が必ずしも汎人類的でないことは、近代以降の諸地域との接触と交渉のなかでいよいよ明らかであり、自分のふるまいを無意識に放置しておくことはますます難しくなっている。彼我は異なるわけだが、と同時に人間の文化的な営みである以上、何らかの共通点もまたみられるはずである。この章では、差異よりも共通する面をあえて強調して文化の仕組みを考えてみたい。

一　始まりの神話

（1）はじめに神は天と地を創造した。地は空漠として、闇が渾沌の海の面にあり、神の霊がその水の面に働きかけていた。神は言った、光あれ。すると光があった。神は光を見て、よしとした。神は光と闇の間を分けた。神は光を昼と呼び、闇を夜と呼んだ。［文献④］

（2）昔、天と地がまだ分かれず、陰と陽ともまだ分かれていなかった頃、渾沌としていること鶏の卵のようで、わずかにそこに、ぼんやりと、物の生まれるきざしのようなものが潜んでいた。そのうちの、澄んで明かなものは、薄く広がって天となり、重くて濁ったものは、集まって地となった。（中略）その後に、神がそこに生まれた。［文献⑪］

なじみのある創世神話から、（1）創世記（月本昭男訳）と（2）日本書紀（福永武彦訳）の二つを引いた。この短い冒頭の一節からだけでも、彼我の世界のとらえ方の違いをたどることができる。神の意志とコトバがはたらいて初めて作られる世界と、おのずとぼんやりと形をなしてゆく宇宙にあとから生まれてくる神々の世界と。しかも神々は「葦の芽」のように芽吹くのである。丸山眞男はこれを「つくる」と「なる」の対比として、有機物がおのずからなる発芽・生長・増殖のオプティミスティックなイメージを日本の「歴史意識の古層」に読みこんでいる［文献⑫］。また、和辻哲郎は記紀神話の主な神々（イザナギ・イザナミからアマテラス・スサノヲにいたるまで）がかれら自身でさらに不定の神を祀ることに注目し、「神命の通路」としての神々像を描いた。祀られる存在よりも祀り手に注意をはらう日本的心性が、その祀り手をも神化することの指摘である［文献⑯］。とすると、同じ用語でユダヤ・キリスト教の神と日本の神々を表現することの危険性をまず知らねばならない。神の数（一神教と多神教）が問題なのではなく、神と宇宙、神と人との関係が異なるのである。ここから神話比較や、宗教用語の翻訳史の検討といった、実りある比較文化論的な道がいくつか開かれるだろう。

では、これらの差異を視野に収めたうえで、（1）と（2）に何らかの共通項はないだろうか。以下、両者に共通すると思われる、原初の渾沌と、そこからの分化について考えてみる。

二　渾沌から秩序へ

渾沌は「海」と「卵」に類比されている。いずれも固化しておらず、生命力にみちた動きのある表象である。これが（1）においては意志的・計画的に、（2）にあってはおのずと成りゆくままに、という違いはあるが、原初の不定形の状態が分かれて形をとることは同じである。この分かれるプロセスはソシュール以後の用語で「分節」articulationとよばれる。英語の辞書をみると、この語には「関節」の意味がある。関節の役割は、分離と接合という相反する二つの運動にある。分離していなければ身体が動かないが、接合していなければ身体を動かせない。そのようにして、天と地、陰と陽は分節されている。みやすい例を（1）にみると、天／地、光／闇、海／陸という二分法の積みかさねが世界を作り、神がそこに名を与える。これらの対はそれぞれが相補的で対抗的であって、分離して初めて世界の原初形態を生むが、接合して初めて全体を構成する。ときに優劣をともなう二原理としても働くことは、（2）にある「陰と陽」がよくこれを表している。

われわれがコトバを学ぶなかで学んできた有力な方法は、この分節の最小単位としての二分法を駆使して、渾沌（カオス）から秩序（コスモス）へといわば世界の姿を変えるところにある。その秩序の個性は（1）と（2）の対比のように文化単位で測ることもできるが、ぐっと日常生活に寄せた応用篇としては、ユクスキュルの環世界のように、個人単位でその「関与性」relevanceの方向によって測ることもできる。森の中の同じカシワの木が、樵にとっては木材資源として（のみ）あらわれ、キツネにとっては心地よい住処として、また少女にとっては昔話の魔法使いの顔をしたコブのある恐るべきものとしてあらわれるように［文献⑬］。

三　日常の中の渾沌

Ａ・ロカンタンは、フランスの港町ブーヴィルで暮らす単身者である。ある時、通りのマロニエの木の根を見て吐き気を感じた。家に帰ってドアのノブに触れようとして、再び同じ気分を味わう。ふだん見慣れた親しいものがなにか得体の知れない、ぶよぶよした、不気味な形をしたものに変容するという体験。このサルトルの小説『嘔吐』は、思想史的には、世界にはあらかじめ「本質」essenceがあるのではなく「実存」existenceが先行する、という実存主義的な作品として読める。と同時に、図書館にひたすら通う独学者のエピソードと照らして、日常の底から漏れ出てきた渾沌体験を描いたものと受けとめることもできる。独学者は日々熱心に本に向かっているのだが、ロカンタンはある時、かれが著者名のＡＢＣ順に全分野の本を読破しようとしていることを知る。本の海の中の独学者の羅針盤（分節と秩序）が実にそれであった。そのような他愛ないものとしてわれわれ自身の世界の作り方と作られ方をとらえるとき、ロカンタンは言語以前・分節未満の状態へと落ちこんでゆく［文献⑤］。

もっと愉快な、これほど深刻な味を残さない、似たような話はいくつもある。お馴染みの「胡蝶の夢」はどうか。夢で蝶となった荘子は嬉々として舞い飛ぶものの、ふと目覚めれば人間にもどっている。はたして荘子が夢で蝶になったのか、それとも蝶の見る夢のなかで荘子でいるのか。この話に感ずるちいさなめまいは、蝶と人間が往還可能な等価のものとして描かれているからである。「周と胡蝶とは則ち必ず分有り。此を之れ物化と謂う」。約束ごとの分節を超えて、生物の連続性を回復する境涯、といえばよいだろうか［文献⑦］。

小説や思想的エッセイに描かれるこの種の体験は、宗教者にいっそう顕著に端的な形であらわれる。神秘体験の事例集ともいえるW・ジェイムスの古典的研究［文献⑥］をはじめ、多くの曲がり角の体験が渾沌とした分節未満の状態で記憶されるのは、文字どおりそれが分節＝言語表現をゆるさない体験だからである。超越的な存在や原理的な存在は否定語でしかあらわせないとする「否定神学」（「否定の道」via negativa）の根拠はそこにあり、〇〇のようでない、とか、否、否、でこれを代用するこころみである(1)。

四　渾沌の話

前節でとりあげた老荘には胡蝶の夢のような話が深い思想的水準にまで結実している。そもそも『老子』冒頭に

（1）個々の文化ととりわけ個々の宗教的伝統には、それぞれに固有の修行方法が蓄積されている。体験そのものを表象し、そのかなたにある存在を明示することは困難であっても、そこにいたる具体的手段として修行の道すじを伝えるやり方である。例に一六世紀のイエズス会創始者ロヨラをとりあげよう［文献⑨］。「霊操」の原題を英語でいえば spiritual exercise であり、魂の体操を意味する。一日一時間の瞑想を毎日五回、これを四週間つづける。修行の階梯の几帳面なまでの緻密さは五節に述べる「コントロール」の強さの反映である。また「霊的」spiritual といいつつ極度に「身体的」physical であるのも、修行に広くみられる特性である。この修行階梯もまた、一五二二年のロヨラ自身のマンレサ河畔での神秘体験に分析的なコトバの網をかけたものだった。「イグナチオは自分の神秘体験を他の人に伝えるために、この体験を分節化した結果生まれたものが、『霊操』なのである。だから、分節化された文章からその源に遡行し、無分節な体験を推測することが大切である」［文献⑨の訳者・門脇佳吉による「解題」三五頁］。

は「名無し、天地の始。名有り、万物の母」とあって、天地分離以前を立点として命名こそが分節＝いまある世界の始まりであることを主張していた［文献⑮］。『荘子』にある「渾沌」の話はどうか。南海の帝と北海の帝とが、そのあいだにある渾沌という名の帝の土地で落ちあって談じ興ずることが繁くあり、渾沌も愉しんでこれに応接した。二人の帝は渾沌の徳に報いようと、のっぺらぼうの顔に視聴息食するための七つの穴をあけてやることにした。一日に一穴ずつ。しかし七日目に渾沌は死んだ［文献⑦］。

不思議な話である。自然に手を出すさかしらな人間の知恵、といった日常的な教訓を読むこともできる。しかし、神話に見た世界の始まりをあらわす名として「渾沌」を読むならば、渾沌に潜む生命力は、ありきたりの秩序のなかでは死んでしまう、という宇宙論的な教えを読みとることができる。この線上で考えるなら、分節による秩序なくしてわれわれは生きることができないが、分節による固定化（ありきたりの日常化）は大切な原初の生命力を枯渇させる危険がある。といって、むやみに渾沌にもどることはそれ以上に危険でもある（嘔吐、眩暈）。とすると、すべての文化にはこの原初の力を回復する手だてが仕込まれているのではないか。渾沌↓（分節と命名）↓秩序という方向を、逆転させるような、しかも比較的安全にやってのけるような仕組みである。

五　原初の力を回復する文化装置

われわれの日常は呼吸のようにある種のリズムを踏んで成立している。儀礼の構造が「形式遵守のがちがちの規則」の場面 ceremony と「タガをはずした乱痴気騒ぎ」の場面 masquerade のシークエンスからなることは、そうした文化的な営みの一例である［文献⑭］。すでに日常化したストレスという心身医学の用語の歴史をたどると、生きることとは適度なストレスの馴化に他ならず、ストレスのない状態は「生命」の終わりに等しい。それは人生の岸辺にうち寄せる「生命のさざ波」（キャノン［文献③］）だという。ならばふだんわれわれが「（過剰な）ストレスを発散する」ために用いるさまざまな工夫の場面に注目してみよう。そこには（過剰な）秩序に疲弊した生命の回復の場が用意されているはずである。

（1）分節世界からおのずとはみ出てしまう力を活用する（身体動作、連続性の回復）。
　スポーツ、武道、踊り
　性
　音楽
　忘我（トランス）
　祭り
（2）分節世界の要であるコトバを流用する（異化作用）。
　詩的言語（矛盾形容、譬喩）
　冗談と笑い

身体とその感覚（1）と、コトバの流用（2）に分けてみた。いずれも趣味や娯楽として配置されることの多い文化事象である。しかし、（1）について、なぜかくもスポーツや武道は規則づくめであり、かつスポーツマンシップや武道の精神を過剰なまでに重んずるのか？　なぜ性は秘匿されるのか？（法的・社会的な枠のなかに収めることを強制するのか？）　また音楽作品そのものの連続性（感覚性）と比してその訓練と演奏はなぜかくも規則性に縛られているのか？　トランスを有意にするために指導者の手引きと自律したコントロールが要請されるのはなぜか？　等々に注意したい。日常の場面よりも極度に秩序の条件がひきあげられているのである。これらは身体のもつ感覚性とそこにもともと備わっている「渾沌」の力を一方で開放する回路であるのだが、と同時に他方でその力との対抗と統御を図る「秩序」の網の目ではないのか。すなわち日常の労働世界から切り離したうえで、生命の力を開放しつつも、つまるところ奔放には開放しきらずにぎりぎりのところでコントロールする歯止めのようなもの、といえばよいだろう。

（2）はコトバを用いながら、コトバの分節作用をずらすこころみである。同じ語彙を用いながら意想外の結びつき（形容矛盾、譬喩）によって新たな世界のとらえ方に誘うことは、日常的には「あだ名」によくあらわれる技法である（中学時代の友人に「パセリ」という人物がいた！）。また苦笑に近い駄洒落の経験からカーニバル的呵々大笑（バフチン［文献⑩］）にいたる「笑い」の効用は、そうしたズレから生まれる連続性の回復であり、分節未満の渾沌をかいまみるところにあるだろう。[2]

おわりに

宗教は、これらの文化装置と相似した技法によって、渾沌の生命力を温存する貯蔵庫のようなものである。いや、むしろこれらの工夫のエッセンスは宗教にこそ十全に貯えられているのであり、比較宗教はそうした人類の智慧の発掘をめざしている。たとえば、ロカンタンの吐き気を方法化して、コトバをあえて脱落させる禅の手法には、分節Ⅰ→無分節→分節Ⅱ（井筒俊彦［文献①］）というプロセスが仕込まれている。また沈黙も方法化される（無記、首がとぶ）。宗教固有の語彙群は、分節方法の個性化であり、たんなるいいかえやおきかえではない。キーワードは「連続性の回復」と「今ある秩序の相対化」のふたつである。後者として、「ありえたもうひとつの世界秩序」（胡蝶の夢のような、具体的にはユートピア）と「いまだ来たらず pas encore」（未来への投企、現在時の「否定」、具体的にはミレナリズム、終末論）のふたつをあげておこう。

もう一度、くりかえしておきたい。われわれは分節された秩序なしには生きてゆけない。しかし、人類の祖先が生まれ来たった渾沌の海の力を忘れてしまえば、滅びの命を歩むほかはない。

（2）　呪術師ドン・ファンの教えのひとつに、呪いの壊滅的な打撃をうち消す唯一の方法はそれを笑うことだという［文献②］。この呪いと笑いの対抗原理を本章の趣旨にそっておきかえると、無分節的横断（ズレとショートサーキット）には二つの原理がはたらいているらしい。一方をかりに「悪魔的横断（と渾沌）」と名づけ、他方を「天使的横断（と渾沌）」と名づけておこう。前者は帰ってこられない（コントロールのきかない）低位の連続性であり、後者は帰還するための（再分節への回路が用意された）高位の連続性である。

参考文献

①井筒俊彦『意識と本質』岩波文庫、一九九一年

②C・カスタネダ『未知の次元』講談社学術文庫、一九九三年

③W・B・キャノン『からだの知恵』講談社学術文庫、一九八一年

④旧約聖書翻訳委員会訳（月本昭男訳）『旧約聖書1 創世記』岩波書店、一九九七年

⑤J－P・サルトル『サルトル全集6 嘔吐』人文書院、一九八六年（原書刊行は一九三八年）

⑥W・ジェイムズ『宗教経験の諸相』岩波文庫、一九六九年（原書刊行は一九〇二年）

⑦荘子、金谷治訳注『荘子』岩波文庫、一九七一年

⑧対馬路人・西山茂・島薗進・白水寛子「新宗教における生命主義的救済観」『思想』第六六五号、一九七九年

⑨I・デ・ロヨラ『霊操』岩波文庫、一九九五年

⑩M・バフチン『フランソワ・ラブレーの作品と中世・ルネッサンスの民衆文化』せりか書房、一九七三年

⑪福永武彦訳『現代語訳 日本書紀』河出文庫、二〇〇五年

⑫丸山眞男「歴史意識の〈古層〉」『忠誠と反逆』筑摩学芸文庫、一九九八年（論文刊行は一九七二年）

⑬ユクスキュル『生物から見た世界』岩波文庫、二〇〇五年（原書刊行は一九三四年）

⑭E・リーチ「時間の象徴的表象に関する二つのエッセイ」『人類学再考』思索社、一九七四年

⑮老子、蜂屋邦夫訳注『老子』岩波文庫、二〇〇八年

⑯和辻哲郎『日本倫理思想史』（一）岩波文庫、二〇一一年（原著作刊行は一九五二年）

⑰Tylor, E., *Primitive Culture*, N.Y. : University of Michigan Library, 1871.

13　永遠のいのち

飯嶋秀治
（共生社会システム論）

はじめに――「永遠のいのち」を記す聖書――

仏典の中でも最古の文言を含むと言われる『スッタニパータ』の中には、ＢＣ三世紀前後に生きたゴータマが言ったとされる以下のような記述がある。

だから人はここにおいて学ぶべきである。世間で「不正」であると知られているどんなことであろうとも、それのために不正を行ってはならない。「ひとの命は短いものだ」と賢者たちは説いているのだ〔文献⓪七七五頁〕。

ああ短いかな、人の命よ。百歳に達せずして死す。たといそれよりも長く生きたとしても、また老衰のために死ぬ」〔文献⑧八〇四頁〕。

キリスト教の『聖書』の中には、ＡＤ三〇年前後に生きたイエスが言ったとされる以下のような記述がある。

実に、自分の命を救おうと欲する者はそれを滅ぼすだろう。しかし、自分の命を私と福音とのために滅ぼす者は、それを救うだろう〔文献⑤マルコ八：三五頁〕。

アーメン、あなたたちに言う、ここに立っている者たちの中には、決して死を味わうことのない者らが幾人かいる、神の王国が力をもって到来したことを見るまでは〔文献⑤マルコ九：一頁〕。

一見すると、私たちの常識にも合致するかのような『スッタニパータ』の記述に比べ、『聖書』の記述は逆説的に響く。だが、いずれにせよ、この二つの記述には、人間が古くから、洋の東西を問わず、死と生とに関心を持っており、後に「宗教」と言われる、私たちとは異なった生き方をする人々を導いたゴータマやイエスが、その関心とのつきあい方を説いていることが分かるだろう。

一　現代科学の最先端で

現代科学の最先端の研究でも、目指しているのはこの関心とほぼ同一線上にある〔文献⑪参照〕。

例えば人体の冷凍保存技術は一九六二年から既に実施されており、二〇一〇年現在で二〇〇人もの身体が、蘇生可能になる日まで保管されている。

また日本でもノーベル賞を受賞した、京都大学の山中伸弥のｉｐｓ細胞の研究とは、細胞次元に落ちてはいるが、その再生の可能性を探求するものである(1)〔文献⑩〕。

さらに近年では、人知を電子的に移し替えるＡＩ（Artificial Intelligence）技術の可能性も探求されている〔文献②〕。こうした形での「延命」は、もはやサイエンス・フィクションの中から飛びだし、現実化しつつあるのである。

「保存」「再生」「移転」と方向性は異なるものの、ここでは、現代の科学技術の最先端の諸領域で、それらが「死の克服」言い換えれば「永遠のいのち」を求める関心上にあることは疑いようもないであろう。

とすると、はじめにで見た、ブッダやイエスが示したつき合い方の行方にあったものは、現代の最先端でも見出せるのであるから、「古い関心」と言うよりも、「基本的な関心」と言えるかもしれない。それは「日常的に意識し

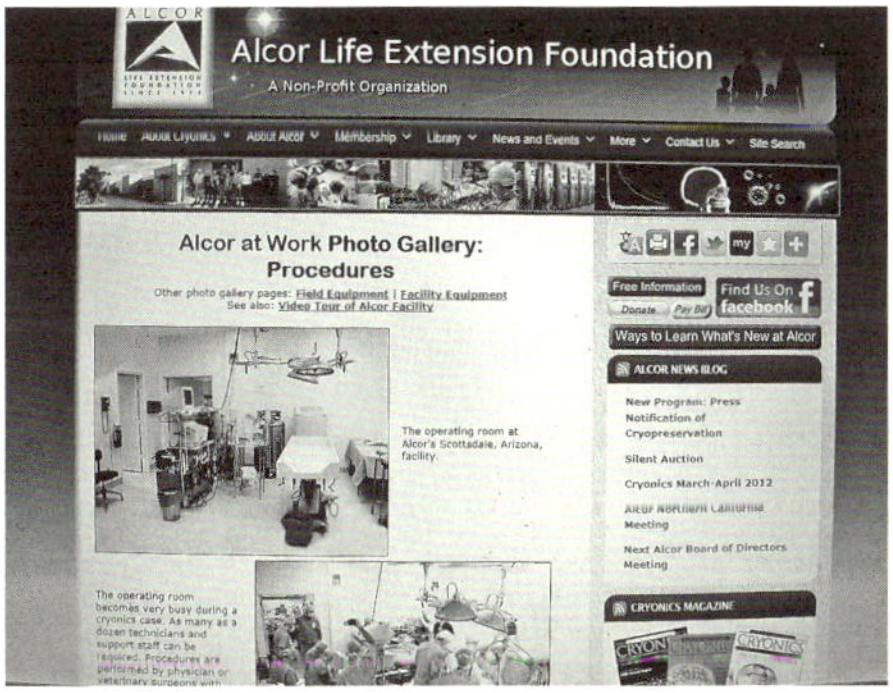

図 13－1　保存会社 ALCOR 社のウェブサイト

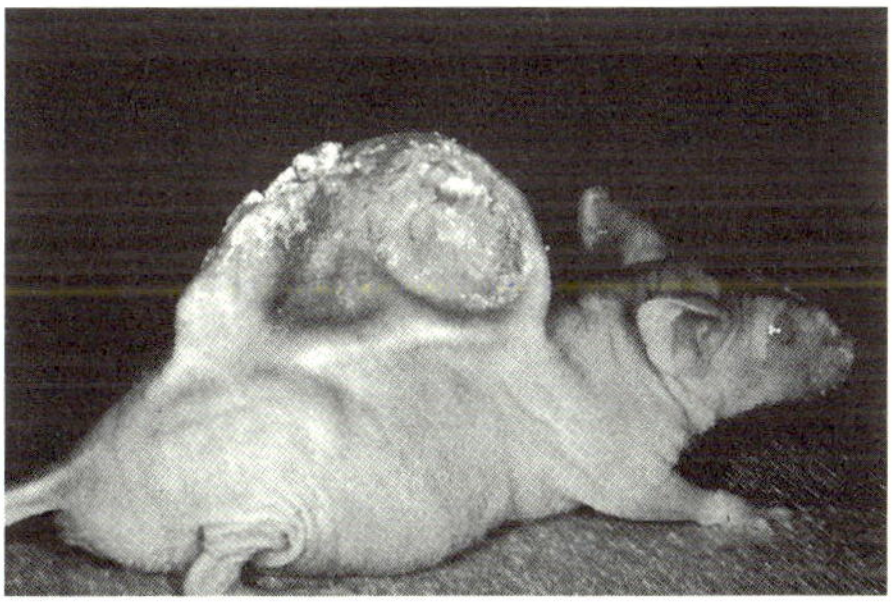
図 13－2　人の再生耳を背負ったマウス
（チャールズ・ヴァカンティ博士提供，文献⑩ 117 頁）

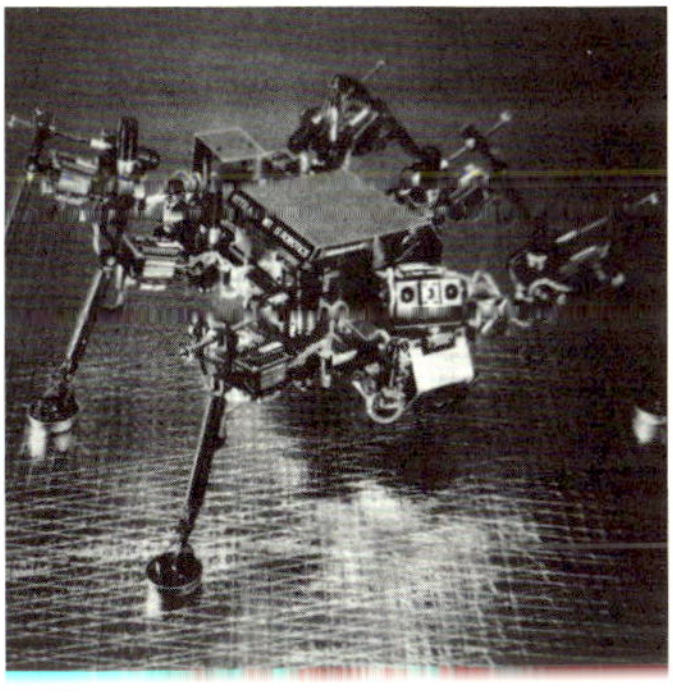
図 13－3　人工知能クリーチャー
（文献④ 102 頁）

(1)　もちろんのこと、たとえ個体の再生が可能になっても、それは直接、人格の再生にはならない。しかし人間の想像力はそこを埋める可能性がある。具体的には、再生した個体に周囲の人々がその人と同一の人格を期待してゆくことで、その個体がその人「らしく」なり、そうした関係の再生の中に、再生希望者が慰めを見出す可能性である。

ている」という性質のものではないのだが、何かのきっかけで日常生活が破たんすると、何を措いても「いのち」が問題になるのである。

二　私たちが見失っていること

けれどもそうした最先端の科学に目を奪われるとき、私たちが見失っていることがある。それが、たとえ「私」が「保存」や「再生」や「移転」で、「永遠のいのち」を永らえたとしても、私たちは、「他のいのちを奪って生きる」存在であるという側面である。

『ブタがいた教室』は、二〇〇八年に日本で公開された映画である。それはブタを飼い始めた小学校の子どもたちが、この問題に直面した時のドキュメンタリーにもなっている。この映画は一九九〇年に実際に行われた授業に基づいている［文献③］。この授業は、クラス全員が関わったため、教室でも、学校でも、新聞で取りあげられた時も、テレビになった時も、本になった時も、そして映画になった時も、賛否両論が巻き起こった。

けれども黒田恭史がこの授業を行うきっかけの一つとなった、鳥山敏子は、その一〇年前に小学校で「ニワトリを殺して食べる」授業を行うことになった経緯を次のように書いている。

小鳥や犬や猫をペットとしてかわいがったり、すぐ「かわいそう」を口にして、すぐ涙を流す子どもたちが、他人が殺したものなら平気で食べ、食べきれないと言って平気で食べものを捨てるということが、わたしには納得がいかないのだ。自分の身内のようにペットをかわいがる子どもたちをみて、心の豊かな子であるというふうにかんたんに見てしまう大人たちの風潮にも腹がたつ…（中略）…わたしには、「生きているものを殺すことはいけないこと」という単純な考えが、「しかし、他人の殺したものは平気で食べられる」という行動と、なんの迷いもなく同居していることがおそろしくてならない〔文献⑦一六頁〕。

殺す人と食べる人が分離されたときから差別がうまれ、いのちあるものをいのちあるものとみることさえできなくなってしまった〔文献⑦一八頁〕。

狩りと採集の時代も、農業の時代も、人間は自分で口にするものは自分の手で殺してきたのだ。それは、多くの動物たちと同じように、ぎりぎりのところまで追いつめられ、そのいのちを維持するためであった。したがって、食べるということには、空腹を満たすということだけでなく、ある神聖さ、感謝があったように思えるのだ〔文献⑦一六頁〕。

つまり「いのち」の問題とは、宗教者や科学技術の最先端にのみ顔を出す問題ではない。私たちが、日々食べている食物は、もとは生きていた「いのち」であり、私たちは日々いのちの交換を行っているのである。とはいえここで、食物を通じて考えている著者（島山）は、現代の日本人であり、こうした関心がどれほど普遍的な関心であったのかはまだわかっていない。そこで実際、どうだったのかを人類学や宗教史の資料から参照してみよう。

まずは一九三〇年、東アフリカの牧畜民ヌアー族を研究した人類学者、エヴァンズ＝プリチャードは次のように書いている。

ヌアー人の生活や思考上における牛の重要性は人名にもよく現れている。男たちはお気に入りの雄牛の形や色からとった雄牛名で呼ばれるし、女たちは雄牛や自分が乳搾りをする雌牛の名前をとって自分の名前とする［文献①四七頁］。

たとえ若者のお気に入りの雄牛が死んだような場合でも、彼はその肉を食べるように説得され、もし彼がそれを拒否すれば、その非礼に対する報復としての彼の槍が、いつの日か、彼の手や足を傷つけるだろうと言われている。ヌアーの人々は肉を食べることが大好きである。彼らは、雄牛が死ぬと「目や心は悲しむが、歯と腹は喜ぶ」と言い、また「そのような贈物に対して、心は別にしても、腹は神に感謝する」という表現をする［文献①六一―六二頁］。

ここには、単純な「感謝」とは別の感覚がある。現代の日本人の感覚で言えば、ペットにも似た、自己の分身を食物とすること、その際の悲しみと喜び、それらを拒絶することの非礼、そうした場合にはいつしか訪れるであろう報復にまで絡んだ感覚である。

では人類史的に見れば、牧畜民よりもより普遍的な生業形態であった狩猟採集漁労民はどうであろうか。宗教史家のスミスは、一九三〇年代前後に北極圏の諸民族で見られた慣習を次のように報告している。

狩猟における第三の機会は、「殺害」の儀礼として認められ、それも同様に厳格な作法に制御される。たいていの規則とは、動物が接近し、直面した状態での戦いで殺されることを確実にするよう仕組まれているようである。例えば、ある集団においては、ただその動物が狩人に向かって走ってきている間か、狩人に面して後ろ足だけで立っている間だけ、動物が殺されるだろう。動物が巣の中で眠っている間は決して殺されてはならないだろう。加えて、動物は身体の特定の部位のみに傷つけられるだけかもしれない（最もしばしば禁じられるのは目を傷つけることである）し、その傷は無血であらねばならない。これらを占めている観念とは、狩人の主導で殺されるのではなく、むしろ動物は自発的に自らを狩人の武器に差しだすということである。それゆえ、動物は殺される前に語りかけられるのである。起き上がり、巣から出てきて、もしくは、こちらを振り向いて殺されることが求められるのである。一例をDゼレーニン［1936］より引く。

ヤクート族は言う。もし人が、熊を冬眠中の巣の中で、起こすことも警告することにも配慮せずに熊を殺したら、他の熊たちは、狩人の眠っている間に、彼に襲い掛かってくるだろう、と。あるナナイ族の狩人は、開けた場所で熊に出遭っても、すぐには殺さず、熊への熱烈な称賛の詩を告げることから始め、次に、熊が彼を歯牙にかけないことを祈る。最後に彼は熊に告げる。「お前が俺に向かってきたんだ、熊の主よ、お前が俺の、お前を殺すことを望むんだ…さぁ来い、来るんだ。お前の死は直ぐだ。だが、俺はお前の後は追わない。」

殆ど全ての北方の狩猟集団において、獲物が殺されたすぐ後に、その動物の身体に向かって大声でその責任を否認する。「どうか我々に握手でその手を握らせてくれ…お前を倒したのは私ではないし、向こうに居る俺の仲間でもない。お前だ。お前自身が滑り落ち、お前の腹を裂いたのだ。」武器の責任さえもが否認されることもあるのだ。「俺じゃないぞ、ナイフをこしらえたのは。俺の同郷の仲間達でもない。ナイフはエストニアで作られたんだし、鉄はストックホルムからのものだ。[2]」［文献⑬五九―六〇頁］

（2）　なお本書でスミスは、実際の民族の狩猟ではそのような手順になっていないことに注目し、これらが儀礼の中でこそ見られる理想状態だと指摘している。しかしスミスがそこで問い損ねたのは、なぜこれを理想状態として、人が儀礼や伝承に残してきたのか、という問いではなかろうか。

ここに見られるのも、「感謝」というよりももっと別の感覚。言うなれば、生命を奪ったことの「負債感」のような感覚が前面に出ているように思われる。もしもこうした事態が、私たちの「宿命」、言いかえれば、「いのちの宿り方」であり、日々、生きているものを殺し、あるいは、誰かに殺させ、いのちの交換を行っているのが、私たち人間の常態であったとしたら、上述した「延命」の諸科学技術は、こうした私たちの「宿命」の、基本的な事態を見失ったところで着想されているかのようにも見える。現在の食料自給率は、カロリー計算で言えば約四〇パーセントであり、逆に言えば約六〇パーセントを国外の「いのち」に頼っているということになる。現代の日本に生きる私たちが、もし、狩猟採集漁労民の感覚を担っていたならば、私たちはもはや国内よりも国外に向けて、この負債感を持たなければならないのである。

三　永遠のいのち

しかしこうした「いのちの交換」は、同時代の世界的な食糧事情の場面だけの話なのであろうか。そうではなく、歴史と私たちの関係もそうなのではないか。

例えば、イギリスに生まれ、成人してから、先住民の虐殺や収奪を終えたオーストラリアに住むことになったモーリス＝スズキは次のような指摘をする。

オーストラリアへの最近の移民たるわたしは、先住民アボリジニに対して過去に行われた収奪や虐殺の悪行と現在のわたしとの関係を考え、わたしには「罪」の意識ではなくて、「連累 implication」がある、と結論した。現在も生き続ける過去の不正義と過去との関係を明瞭化するためには、『連累』という概念が意味を成すのではなかろうか。

わたしの言う「連累」とは、過去との直接的、間接的関連の存在と、（法律用語で言うところの）「事後共犯（an accessory after the fact）」の現実を認知する、という意味である。

……（中略）……

「連累」とは以下のような状況を指す。

わたしは直接に土地を収奪しなかったかもしれないが、その盗まれた土地の上に住む。わたしは虐殺を実際に行わなかったかもしれないが、虐殺の記憶を抹殺するプロセスに関与する。わたしは「他者」を具体的に迫害しなかったかもしれないが、正当な対応がなされていない過去の迫害によって受益した社会に生きている。

わたしたちが今、それを撤去する努力を怠れば、過去の侵略的暴力行為によって生起した差別と排除（prejudices）は、現世代の心の中に生き続ける。現在生きているわたしたちは、過去の憎悪や暴力を作らなかったかもしれないが、過去の憎悪や暴力は何らかの程度、わたしたちが生きているこの物質世界と思想を作ったのであり、それがもたらしたものを「解体（unmake）」するためにわたしたちが積極的な一歩を踏み出さない限り、過去の憎悪や暴力はなおこの世界を作りつづけていくだろう。

すなわち、「責任」は、わたしたちが作った。しかし、「連累」は、わたしたちを作った〔文献⑨五六―五八頁〕。


足元のいのちは同時代の世界的な食糧事情の場面に見出されたが、それは現代だけで済む話ではなく、連綿と営まれてきた「いのちの交換」の結果である。その体積が「過去」という全体像となるが、それは私自身の直接の祖先の「過去」だけではなく、時には、ここでモーリス＝スズキが問題としたような、移民、植民、戦争、占領などを通じて、私自身の直接の「過去」とは別の「過去」との接続を伴う。

実際、例えば第二次世界大戦時に、沖縄の鍾乳洞で戦った人々がいたからこそ、私たちの祖先が、米軍に殺されずに済んだと言える側面があろう（その沖縄に現在もなお圧倒的多数の米軍が駐留している）。鹿児島や熊本にはハンセン病患者の収容施設があり、当時の遺伝や感染に関する知識は（現在のように治療薬が開発されていなかったことを別にしても）かなりの誤解が含まれていたことが分かっているが、しかし当時はそのような施設があったことで、少なくとも一部の人間が安心して暮らしていたという事実があろう。宮崎には土呂久砒素公害があり、熊本には水俣病があったが、それらの公害を引き起こした企業が生産していた生産品から私たちが便益を受けてきていた。長崎に落ちた原爆も本来は福岡の小倉市に落ちるはずのものであった。こうした過去との関係は、歴史との「連累」関係と言ってよかろう。それは同時代の世界的な食糧事情の場面とはまた異なった、しかし確実に、「いのちの交換」の場面であり、わたしたちは、わたしたちを作った連累関係に取り囲まれているのである。

私たちの関心は、ともすると、こうした日常生活の同時代性や歴史性を見失って、急に「延命」の科学技術に飛びつこうとするのだけれど、そうした発想は、どこかより基本的な関係を見失っているように思われる。

そこで、冒頭の「永遠のいのち」の「基本的な関心」に戻るために、さらに問いを進めよう。「いのちの交換」は、食物のような直接的な場面だけの話ではなく、歴史のような間接的な場面だけの話でもなく、その両者を繋ぐような、重要な人と人との関係もそうなのではないか。アメリカの新約聖書学者ドミニク・クロッサンは次のような指摘をしている。

例えば、オスカー・ロメロ大司教のことを考えてみます。一九七〇年代の遅くに彼はサンサルバドルの大司教になりましたが、そこは少数の金持ちのエリートが政治と経済と軍事を支配する一方で、大多数が貧乏な農民暮らしをする土地でした――そして民衆は、司祭を更迭しました。ロメロは、右翼政治家の不正な利益と暴力にも、左翼のゲリラの暴力とイデオロギーにも、強く反対する発言をし始めます。

福音は「この世を離れているのだから、救ったはずの世界には一切まきこまれない」という人たちに対しては、昔キリストのなさったことを「神は今なさっている」、「抑圧の軛を払い除け、心に喜びをもたらし、希望の種を撒くことだ」と、主張しました。あばら屋の住民や、コーヒー農園の労働者や、「失踪した」拷問被害者の声なき声を代弁して、飢えた人、裸の人、貧しい人、拷問される人たちを心にかける人だけが「神の近くにいる」のだと言いました。単なる慈善は不充分で、それは「正義の欠如を寄付金で覆い隠そうとする、愛の真似事だ」と主張しました。これは一九七九年の、彼のクリスマスイブ説教の言葉です。

幼子イエスを、可愛らしいクリスマス人形の中に探してはいけません。

今夜なにも食わずに寝た栄養失調の子供たちの中に、玄関で新聞紙に包まっている眠る貧乏な新聞少年の中に、探さなくてはならないのです。

社会転覆を支持している、と政治家や報道に責められたロメロは、非難をはねつけました――「ただ実際に福音は、存在してはならない不正な秩序の根本に触れるのだから、それを社会転覆と呼ぶならしかたない」と。

予想通り――彼は自分を待ち受ける運命に気づいていたのですが――ロメロ大司教は一九八〇年、四旬節のミサを挙げている最中に暗殺されました。

けれどもイエスと同じように、そこで話は終わりませんでした。十三年後に、シカゴで私の歴史研究のシンポジウムに学者たちが集まったのですが、ドリュー大学神学校で教えているキャサリン・ケラーの発言には感動しました。彼女は最近までエルサルバドルにいて、そこで「生まれて初めて、初期キリスト教の物語が自分にとって現実になりました」というのです。ケラーが出会ったのは、身体と精神の癒しや食事（例えば、政府に食事を与えられない服役中の大学生に、食料を差し入れる）のまわりに組織された草の根の共同体でした。「復活したロメロ」は、いたるところの壁に貼られているけれども、「他人のために自分の生命をささげた――贖罪の生贄で神を満足させようというグロテスクな試みをするのではなくて、死の力に痛めつけられないほど完全に自分たちの生命を共有した――男女の殉教者たちと一緒に、現れ続けています」。彼女の見た人たちとは、死と直面しながらしたたかに生きている――「気の利いた上等なユーモアと、虹色の希望を（日和見主義ではない）、歴史と世界政治の明晰な批判分析に結びつけて」。そんな共同体で、自分はイエスの言う神の王国を身近に感じたのだ、とケラーは言うのです。正義に加わったせいで誘拐されて強姦されて殺された母親の意志を受け継いでいる、というサルバドル人女性の感覚を通じて、磔と復活はケラーにとって今の現実になりました。「悪の力も、彼女の人生の意味をとめることは出来なかったのです」〔文献⑫一三七―一三九頁〕。

ロメロ大司教がここで、その周囲の人々にとって重要な人物となったのは、そのいのちの「長さ」故ではない。ましてて、その「延命」の科学技術によってではない。そのように自己のいのちに執着したのとはむしろ逆方向で、周囲の人々と、少なくとも、ある危機の時、苦境の時、困難な時を、「死の力に痛めつけられないほど完全に自分たちの生命を共有した」ということによる。そうした共有が、ロメロを死後も復活させ、ロメロなき後の人々の中に、ロメロが復活し、まだ生きている、という、いのちの在り方をもたらしたのである。

ここで一見、逆説的に見えたイエスの言葉が、私たちにごく身近な体験として接近してくる。日常生活の同時代性や歴史性を繋ぐ「永遠のいのち」のヒントは、こうした場面に観察できる。例えばその体験は、詩人谷川俊太郎がうたった「あなたはそこに」にも接近してくる［文献⑥］。

あなたはそこにいた　退屈そうに
右手に煙草　左手に白ワインのグラス
部屋には三百人もの人がいたというのに
地球には五十億もの人がいるというのに
そこにあなたがいた　ただひとり
その日その瞬間　私の目の前に

あなたの名前を知り　あなたの仕事を知り
やがてふろふき大根が好きなことを知り
二次方程式が解けないことを知り
私はあなたに恋し　あなたはそれを笑いとばし
いっしょにカラオケを歌いにいき
そうして私たちは友だちになった

あなたは私に愚痴をこぼしてくれた
私の自慢話を聞いてくれた　日々は過ぎ
あなたは私の娘の誕生日にオルゴールを送ってくれ
私はあなたの夫のキープしたウィスキーを飲み
私の妻はいつもあなたにやきもちをやき
私たちは友だちだった

ほんとうに出会った者に別れはこない
あなたはまだそこにいる
目をみはり私をみつめ　くり返し私に語りかける
あなたとの思い出が私を生かす
早すぎたあなたの死すら私を生かす
初めてあなたを見た日からこんなに時が過ぎた今も

前節で、私は「他のいのちを奪って生きる」と書いたが、それは主体と客体を反転させれば、私たちが「他のいのちに生かされている」とも言えよう。私たちは食べられるものから、歴史から、重要な他者から、いのちを贈与されていのちを生きるのであるが、そうした贈与は、同時代の各地から、過去からの連累から届けられたいのちの贈与の帰結であり、その意味では大いなる「いのちの流れ」の一部が「わたし」として生きているとも言えよう。そしてその自らのいのちに執着せずに生ききった人は、他の人の中に甦り、保存や再生や移転といった科学技術を必要とする特殊な「延命」とは異なる、ふつうの人間的な意味での「永遠のいのち」を生き永らえるともとれるのである。

おわりに――考えなおし、生きなおし――

では、そのような基本的な事態を踏まえて、私たちがどのように考えなおし、生きなおす可能性があるというのだろうか。私は、ここまでのところで、先人たちによる、生と死の様々な探求の仕方を見てきたが、読者一人一人の学びなおしはここから始まる。

先ほどの食事はどこでどのように生き、誰の手によって、どのように運ばれてきたのであろうか。そうした輸送網はいつからどのように発達して、現在の姿をとるようになってきたのであろうか。これまであなたが出遭ってきた重要な人は、あなたにどのような言葉を、趣味を、あるいは行為を残したであろうか。

そのように「いのちを贈与」された者として、どのように生きなおすべきであろうか。そのヒントやきっかけは、どこか遠くに探しに行かねばならないこともあろうが、しかし、同時に、普遍的な体験として、すでにあちらこちらに在るものに気づくことで始められるのである。私たちは既に、そして、常に、大いなる「永遠のいのち」の一部を生きている。生と死の探求は、いま、ここから、私という身一つを元手に、すぐにでも始められるのである。

参考文献

①エドワード・E・エヴァンズ＝プリチャード、向井元子訳『ヌアー族――ナイル系一民族の生業形態と政治制度の調査記

録――』平凡社、一九九七年（一九四〇年）
②黒川伊保子『恋するコンピュータ』筑摩書房、一九九八年
③黒田恭史『豚のPちゃんと32人の小学生　命の授業900日』ミネルヴァ書房、二〇〇三年
④佐々木正人『アフォーダンス――新しい認知の理論――』岩波科学ライブラリー、一九九四年
⑤佐藤研編訳『福音書共観表』岩波書店、二〇〇五年
⑥谷川俊太郎『魂のいちばんおいしいところ』サンリオ、一九九〇年
⑦鳥山敏子『いのちに触れる――生と性と死の授業――』太郎次郎社、一九八五年
⑧中村元訳『ブッダのことば――スッタニパータ――』岩波文庫、一九八四年
⑨テッサ・モーリス＝スズキ『批判的想像力のために――グローバル化時代の日本――』平凡社、二〇〇二年
⑩大和雅之「5　組織工学」、浅島誠・阿形清和・中内啓光・山中伸弥・岡野栄之・大和雅之『現代生物科学入門7　再生医療生物学』岩波書店、二〇〇九年、一一三―一三七頁
⑪ライアル・ワトソン、井坂清訳『人間死ぬとどうなる―生と死のはざま――』啓学出版、一九八二年（一九七四年）
⑫Crossan, John Dominic, and Watts, Richard G., *Who Is Jesus?: Answers to Your Questions about the Historical Jesus*, Louisville: Westminster John Knox Press, 1999.（飯郷友康訳）
⑬Smith, Jonathan Z., *Imagining Religion: From Babylon to Jonestown*, Chicago: Chicago U. P., 1988 (1980).

執筆者一覧

（所属は九州大学文学部，＊は編者）

円《つぶら》谷《や》裕《ゆう》二《じ》（哲学・哲学史研究室，教授）

片《かた》岡《おか》　啓《けい》*（インド哲学史研究室，准教授）

柴《しば》田《た》　篤《あつし》（中国哲学史研究室，教授）

後小路《うしろしょうじ》雅弘《まさひろ》（美学・美術史研究室，教授）

京谷《きょうたに》啓《よし》徳《のり》（美学・美術史研究室，准教授）

辻《つじ》田《た》淳一郎《じゅんいちろう》（考古学研究室，准教授）

清《し》水《みず》和《かず》裕《ひろ》*（イスラム文明学研究室，教授）

静《しず》永《なが》　健《たけし》（中国文学研究室，准教授）

高《たか》野《の》泰《やす》志《し》（英語学・英文学研究室，准教授）

鵜《う》飼《かい》信《のぶ》光《みつ》（英語学・英文学研究室，准教授）

小《お》黒《ぐろ》康《やす》正《まさ》（独文学研究室，教授）

関《せき》　一《かず》敏《とし》（比較宗教学研究室，教授）

飯《いい》嶋《じま》秀《しゅう》治《じ》*（比較宗教学研究室，准教授）

九州大学文学部人文学入門 2

生《せい》と死《し》の探求《たんきゅう》

2013 年 2 月 4 日　初版発行

編　者　片　岡　　　啓
　　　　清　水　和　裕
　　　　飯　嶋　秀　治

発行者　五十川　直　行

発行所　(財) 九州大学出版会

〒812-0053　福岡市東区箱崎 7-1-146
九州大学構内

電話　092-641-0515（直通）

URL　http://www.kup.or.jp/

印刷・製本／大同印刷㈱

ISBN978-4-7985-0092-8